PERMISSÃO PARA
SONHAR

OUTRAS OBRAS DE CHRIS
GARDNER E MIM EICHLER RIVAS

À Procura da Felicidade

Start Where You Are

PERMISSÃO PARA SONHAR

CHRIS GARDNER
E
MIM EICHLER RIVAS

ALTA BOOKS
GRUPO EDITORIAL
Rio de Janeiro, 2023

Permissão para Sonhar

Copyright © 2023 da Starlin Alta Editora e Consultoria Eireli.
ISBN: 978-65-5520-728-6

Translated from original Permission to Dream. Copyright © 2021 by Chris Gardner. ISBN 978-0-06-303156-2. This translation is published and sold by permission of HarperCollins, the owner of all rights to publish and sell the same. PORTUGUESE language edition published by Starlin Alta Editora e Consultoria Eireli, Copyright © 2023 by Starlin Alta Editora e Consultoria Eireli.

Impresso no Brasil – 1ª Edição, 2023 – Edição revisada conforme o Acordo Ortográfico da Língua Portuguesa de 2009.

Todos os direitos estão reservados e protegidos por Lei. Nenhuma parte deste livro, sem autorização prévia por escrito da editora, poderá ser reproduzida ou transmitida. A violação dos Direitos Autorais é crime estabelecido na Lei nº 9.610/98 e com punição de acordo com o artigo 184 do Código Penal.

A editora não se responsabiliza pelo conteúdo da obra, formulada exclusivamente pelo(s) autor(es).

Marcas Registradas: Todos os termos mencionados e reconhecidos como Marca Registrada e/ou Comercial são de responsabilidade de seus proprietários. A editora informa não estar associada a nenhum produto e/ou fornecedor apresentado no livro.

Erratas e arquivos de apoio: No site da editora relatamos, com a devida correção, qualquer erro encontrado em nossos livros, bem como disponibilizamos arquivos de apoio se aplicáveis à obra em questão.

Acesse o site www.altabooks.com.br e procure pelo título do livro desejado para ter acesso às erratas, aos arquivos de apoio e/ou a outros conteúdos aplicáveis à obra.

Suporte Técnico: A obra é comercializada na forma em que está, sem direito a suporte técnico ou orientação pessoal/exclusiva ao leitor.

A editora não se responsabiliza pela manutenção, atualização e idioma dos sites referidos pelos autores nesta obra.

Dados Internacionais de Catalogação na Publicação (CIP) de acordo com ISBD

G226p   Gardner, Chris
       Permissão para Sonhar / Chris Gardner, Mim Eichler Rivas ; traduzido por Wendy Campos. - Rio de Janeiro : Alta Books, 2023.
       224 p. ; 16cm x 23cm.

       Tradução de: Permission to Dream
       ISBN: 978-65-5520-728-6

       1. Autobiografia. I. Rivas, Mim Eichler. II. Campos, Wendy. III. Título.

2022-1277   CDD 920
                                                      CDU 929

Elaborado por Vagner Rodolfo da Silva - CRB-8/9410

Índice para catálogo sistemático:
1. Autobiografia 920
2. Autobiografia 929

Produção Editorial
Editora Alta Books

Diretor Editorial
Anderson Vieira
anderson.vieira@altabooks.com.br

Editor
José Ruggeri
j.ruggeri@altabooks.com.br

Gerência Comercial
Claudio Lima
claudio@altabooks.com.br

Gerência Marketing
Andrea Guatiello
andrea@altabooks.com.br

Coordenação Comercial
Thiago Biaggi

Coordenação de Eventos
Viviane Paiva
comercial@altabooks.com.br

Coordenação ADM/Finc.
Solange Souza

Direitos Autorais
Raquel Porto
rights@altabooks.com.br

Produtor Editorial
Thiê Alves

Produtores Editoriais
Illysabelle Trajano
Maria de Lourdes Borges
Paulo Gomes
Thales Silva

Equipe Comercial
Adriana Baricelli
Ana Carolina Marinho
Daiana Costa
Fillipe Amorim
Heber Garcia
Kaique Luiz
Maira Conceição

Equipe Editorial
Beatriz de Assis
Betânia Santos
Brenda Rodrigues
Caroline David
Gabriela Paiva
Henrique Waldez
Kelry Oliveira
Marcelli Ferreira
Mariana Portugal
Matheus Mello

Marketing Editorial
Jessica Nogueira
Livia Carvalho
Marcelo Santos
Pedro Guimarães
Thiago Brito

Atuaram na edição desta obra:

Revisão Gramatical
Kamila Wozniak
Hellen Suzuki

Diagramação
Joyce Matos

Tradução
Wendy Campos

Copidesque
Ana Gabriela Dutra

Editora afiliada à:

ASSOCIADO CBL Câmara Brasileira do Livro

Rua Viúva Cláudio, 291 – Bairro Industrial do Jacaré
CEP: 20.970-031 – Rio de Janeiro (RJ)
Tels.: (21) 3278-8069 / 3278-8419
www.altabooks.com.br – altabooks@altabooks.com.br
Ouvidoria: ouvidoria@altabooks.com.br

Aos criadores do catálogo Spiegel, que acidentalmente me deram um workshop de como sonhar.

À memória de meu tio Henry Gardner, que me ensinou a pescar.

À falecida Holly Norwick, que me deu de presente a Hora Atômica.

À minha neta Brooke, por me ajudar a sonhar novamente.

À minha editora particular, crítica mais severa, melhor amiga, meu docinho e minha Momma Goo Yolanda, não tenho palavras para agradecer.

A todos os leitores, ouvintes, amantes de histórias, compradores de livros, buscadores de almas, descobridores de história e perseguidores da verdade que seguem os sonhos com o poder da crença. Aos professores, mentores, guias e treinadores que nos mostram o caminho até a montanha. Vocês são os trabalhadores essenciais de nosso tempo.

Embora me refira ao "sonho americano" inúmeras vezes nas páginas a seguir, gostaria de dedicar este livro especialmente aos sonhadores em todo mundo — pois, como vocês demonstraram, os sonhos não têm fronteiras!

NOTA DO AUTOR

Nesta obra narrativa de não ficção, ofereço o relato de uma jornada real que compartilhei com minha neta de nove anos — um dia memorável em nossas vidas. Embora os pontos principais dessa experiência sejam descritos com fidelidade, tomei certa liberdade ao usar alguns detalhes para descrever pessoas, lugares e conversas que aconteceram ao longo do caminho. Essa abordagem me permite honrar a tradição de contar histórias, transmitida a mim pelos meus ancestrais. Por meio desse estilo consagrado pelo tempo, eu passo a tocha adiante, oferecendo parábolas e lições que formam meu guia filosófico para a "felissidade" (erro ortográfico intencional). Meu objetivo também é recriar a característica onírica daquele dia, condizente com um assunto tão universal quanto a permissão para sonhar. Alguns dos desconhecidos descritos em nossa jornada são composições de muitos sonhadores que encontro diariamente. São as pessoas que trabalham em todos os setores voltados para o público, bem como alunos, plateias, colegas e muitos outros, que me procuram todos os dias e em quase todos os lugares com perguntas. Embora não se destinem a ser encenações literais, as conversas aqui reproduzidas foram cuidadosamente relatadas no verdadeiro espírito com que foram faladas.

AGRADECIMENTOS

Para quem pensa que um livro é concebido de forma criativa e escrito de forma agradável nas horas de lazer antes de ser enviado a editores que organizam tudo e, depois, o entregam no bico de uma cegonha para leitores ansiosos, bem, isso é obviamente uma tolice.

Cegonhas? Todos sabemos que as cegonhas não entregam bebês nem livros — essa tarefa é dos anjos.

Permissão para Sonhar nunca teria acontecido se não fosse por alguns anjos, a quem gostaríamos de agradecer em primeiro lugar. Nossos sinceros agradecimentos aos nossos agentes, Jennifer Gates, da Aevitas Creative Management, e Elizabeth Kaplan, da Elizabeth Kaplan Literary Agency. Somos eternamente gratos a vocês por seus insights significativos, sua paciência e seu apoio inabalável.

Uma gratidão sem fim vai para nossa editora e principal defensora, Tracy Sherrod, anjo e fada madrinha do livro. Obrigado por sua visão, seu senso da história e estrutura, e por colocar o poder do sonho à prova em sua própria vida. Você agitou sua varinha e nos enviou para uma jornada de escrita maravilhosa. Este é o livro que sonhávamos escrever. Obrigado, Tracy.

Somos muito gratos a todos da equipe de nossa casa editorial HarperOne/Amistad. Agradecimentos especiais à nossa fabulosa editora Judith Curr e às nossas principais parceiras, Courtney Nobile, publicitária, e Emily Strode, editora de produção.

Como sempre, quero agradecer à equipe que trabalha comigo para me manter na linha todos os dias. Um OBRIGADO muito especial a Tina T e Solly Dolly — sem os quais o caos se instalaria na Happyness!

E O MAIS profundo OBRIGADO a Mim Eichler Rivas — minha musa pessoal e PSIQUIATRA de plantão! Mim coloca minha CABEÇA PARA FUNCIONAR!

Mim insistiu em escrever um agradecimento exclusivamente dela: "Colaborar com Chris Gardner (agora estamos em nosso terceiro livro) tem sido um sonho que se tornou realidade. Ele é como ter seu próprio gênio pessoal na sala. É um contador de histórias espetacular — atencioso, autêntico, hilário e comovente. E escreve como Miles Davis toca o trompete. Ele é um anjo para mais pessoas do que admite. Nada o deixa mais feliz do que quando consegue colocar um pouco de sua sabedoria na realização de um sonho que nunca foi tentado antes. Obrigada ao infinito, CG."

Queremos expressar nossa sincera gratidão a todos aqui nos Estados Unidos que compareceram às nossas eleições e provaram que a democracia está viva e bem, mesmo depois de alguns duros golpes. Sonhamos com uma nova liderança e nos permitimos mudar de rumo — como nossos pais e mães fundadores queriam que fizéssemos. Em busca dos ideais de vida, da liberdade e da felicidade, nosso trabalho não está terminado. Temos que continuar a sonhar e, em seguida, realizar esses sonhos juntos.

A maior parte da escrita de *Permissão para Sonhar* ocorreu durante os primeiros meses da paralisação devido à pandemia da Covid-19, que devastou o mundo, especialmente os Estados Unidos, onde o número de casos e mortes são desproporcionais e tragicamente altos. Seríamos negligentes se não agradecêssemos a todos os trabalhadores essenciais em todas as áreas de atuação, em especial nossos prestadores de serviços médicos e de saúde. Vocês são nossos heróis. Sonhamos com uma nação que se una para superar todas as nossas diferenças — e que seja digna de seus sacrifícios.

Por fim, queremos novamente agradecer aos leitores e sonhadores provenientes de todos os lugares do planeta. Vocês evocaram este livro à existência. Obrigado.

SOBRE OS AUTORES

Chris Gardner é CEO da Happyness. Além de ser autor de dois best-sellers internacionais, incluídos na lista do *New York Times*, ele também ganhou um prêmio Peabody como produtor por *Maya Angelou, e Ainda Resisto*, o documentário baseado na vida de sua amiga e mentora, Dra. Maya Angelou. Desde que se aposentou do ramo de serviços financeiros após uma carreira de 35 anos, Chris Gardner manteve um ritmo incomparável como palestrante internacional muito requisitado. Por meio do trabalho da Fundação Christopher P. Gardner, ele conseguiu se conectar com centenas de milhares de estudantes em todos os Estados Unidos. Atualmente, Gardner é um grande investidor em private equity — com foco em segurança cibernética e gerenciamento de ativos. Ele mora em Chicago e está aprendendo árabe.

Mim Eichler Rivas trabalhou como autora, coautora e colaboradora em mais de 36 livros, incluindo *À Procura da Felicidade* e *Finding Fish*, best-sellers do *New York Times*. Vários de seus trabalhos tornaram-se longas-metragens. Ela é a autora do aclamado *Beautiful Jim Key*. Mim mora em Hermosa Beach, Califórnia, e dança hip-hop.

SUMÁRIO

Prefácio: Hora Atômica — O Presente de Holly	1
Um: Nosso Maior Produto de Exportação	11
Dois: Um Dia…	27
Três: Uma Ferrovia Subterrânea	45
Quatro: O Poder do Um	75
Cinco: Vire o Jogo	99
Seis: Um Projeto para Sua Vida	117
Sete: Habilidades de Primeira Linha	137
Oito: A Reputação, o Rap e o Rolodex	161
Nove: Isso Já Foi Feito Antes	177
Dez: Uma Vida Prodigiosa	187
Epílogo: Escove os Dentes e Mude Sua Vida em Dois Dias	199
Fontes	205

PREFÁCIO

HORA ATÔMICA – O PRESENTE DE HOLLY

Às vezes — talvez no que pode parecer o ponto mais terrível de sua vida — você recebe a chave para o sonho mais gratificante e poderoso possível. Talvez um sonho que nunca considerou antes. Essa chave pode chegar na forma de uma pergunta feita por uma pessoa que você ama demais para ignorá-la.

Há alguns anos, essa pergunta foi feita a mim por Holly Norwick, meu amor, minha melhor amiga e fada madrinha por mais de duas décadas. Não nos casamos, mas nunca houve dúvidas sobre nossa devoção um ao outro. Ela era minha e eu era dela. Quando Holly e eu começamos a namorar no final dos anos 1980 — em uma época em que ela era uma das poucas mulheres que trabalhavam nos escalões superiores de Wall Street —, nos conectamos como almas gêmeas. Éramos ambos sonhadores em busca da excelência em nossas vidas profissionais.

Permita-me corrigir essa afirmação. Holly imprimia sua excelência em *tudo* que fazia. E seus atributos culinários não eram exceção. Ela adorava cozinhar. E, quando digo excelência, estou falando da Rembrandt do risoto, da Michelangelo das almôndegas. Aretha Franklin era a Rainha do Soul, mas Holly era a Rainha da Soul Food! Nosso acordo era que ela prepararia qualquer coisa para comer a qualquer hora do dia, desde que eu lavasse a louça. Era um negócio vantajoso para mim. Além disso, eu tinha ajuda com a louça, ou, pelo menos, com as panelas. Cassius, nosso belo boxer que pensava que era uma criança, lavava as panelas. Ele tinha um processo para *raspar* a panela que tinha sido usada para cozinhar o molho de carne — lambendo as sobras até que ficasse tudo limpo. Eu só precisava enxaguar!

Em um Natal, consegui surpreender Holly com a cozinha dos seus sonhos, que levei dois anos para terminar. Trabalhando com uma equipe de design de ponta, remodelamos completamente a antiga cozinha; primeiro elevamos as bancadas, que eram baixas demais para ela, e depois adicionamos todos os apetrechos e utensílios mais modernos. A tão sonhada cozinha de última geração de Holly deixaria Wolfgang Puck com inveja. Dizer que me dediquei ao máximo seria um eufemismo.

Quando viu a cozinha pela primeira vez, Holly chorou tanto que não conseguia falar.

"Por que você está chorando?", perguntei, intrigado. Ela me respondeu que estava tão feliz que não conseguia imaginar sentir tanta felicidade novamente. Essa declaração foi um dos motivos que me levaram a criar uma nova palavra: "felissidade" — na qual as letras *s* representam a *sua* satisfação, *os seus* sonhos e *a sua* definição do que o faz feliz. Muito depois do lançamento do livro e do filme *À Procura da Felicidade*, eu continuo a escrevê-la assim em homenagem a Holly.

Não importa o quanto nossa vida profissional fosse atribulada, Holly era minha parceira na diversão, transformando as ocasiões mais corriqueiras em memoráveis celebrações. De vez em quando, reservávamos um tempo para nos desconectar o máximo possível de tudo. Éramos abençoados além de nossos sonhos, em mais maneiras do que eu poderia contar.

Tudo estava bem.

Ou era o que eu pensava. Acordei com a cabeça nas nuvens — figurativamente falando — e tive que enfrentar notícias alarmantes.

Na verdade, quando acordei naquele dia e ouvi Holly me dizer bom-dia, com sua voz sempre otimista e irresistível, provavelmente estava pensativo demais para detectar sua preocupação. Tudo parecia importante: mudanças na empresa que eu fundara vinte anos antes; a economia em recuperação, cheia de desafios e oportunidades; o trabalho em meu segundo livro; uma agenda de viagens cada vez mais atribulada como palestrante e consultor de negócios; e, pelo lado positivo, o fato de Chris Jr. ter se tornado pai recentemente, o que me transformou no mais orgulhoso dos avós.

Naquele dia, quando abri os olhos e a ouvi me desejar bom-dia, fiquei feliz por ainda estar debaixo das cobertas. Naquele estado mental nebuloso, ainda me decidindo se era hora de levantar e ir para a academia ou se deveria tirar mais uma soneca, esfreguei os olhos na tentativa de espantar o sono e olhei para Holly, sentada na cama, apoiada em um travesseiro. Eu sorri. Mas espere — era uma expressão preocupada em seu rosto? Então ela falou, com a voz suave: "Tenho que lhe contar uma coisa."

Totalmente desperto, eu me sentei.

Não me lembro do que mais ela disse, apenas das palavras: "Estou perdendo minha visão."

Minha reação inicial foi entrar no modo de negação — no qual passei praticamente os três anos seguintes. "Como assim você está perdendo a visão?"

Isso não fazia sentido! Ela parecia perfeitamente saudável e bem, como sempre. Mesmo ao acordar, Holly era linda, graciosa, elegante e atlética — a imagem da saúde por qualquer definição. Ela tinha apenas 51 anos.

Holly olhou para mim e hesitou, claramente ansiosa.

Minha mente fervilhava. "Quer dizer que você precisa de novos óculos?"

No entanto, a maneira como ela pronunciou as palavras "estou perdendo minha visão" e o olhar de medo em seu rosto já deixavam claro que isso estava muito além da minha pergunta tola. Agora consigo perceber que esse foi meu primeiro passo — na verdade, um grande salto — para um lugar chamado Negação Total.

Quando Holly começou a explicar, eu a interrompi com uma repentina percepção que possibilitaria tomar a primeira saída da Estrada da Negação. "Espere um minuto." Eu a lembrei da viagem que ela acabara de fazer para ver os pais. "Você acabou de dirigir, ida e volta, de Chicago até o Arkansas. Por que não me contou antes?" Sem possibilitar uma resposta, continuei: "Se eu soubesse, não teria deixado!"

"Eu sei, foi por isso que não te contei", respondeu Holly.

Tínhamos acabado de cruzar a fronteira para Além da Muralha — e não era um lugar acolhedor. Tudo o que é incerto reside Além da Muralha.

Entrei no modo ação e comecei a fazer telefonemas. Minha reação foi assumir o comando, encontrar os especialistas certos e esclarecer tudo. Uma infinidade de problemas poderia ter causado sua aparente perda de visão. Como também tenho um problema ocular, primeiro busquei respostas com meu médico, um dos melhores oftalmologistas do mundo, o Dr. Theodore Krupin, do Northwestern Memorial Hospital da Universidade Northwestern. Ter contato e acesso razoáveis tem suas vantagens. Usei todas as conexões disponíveis no campo da medicina. Holly e eu consultamos os melhores especialistas do mundo. Na época eu não sabia, mas descobri rapidamente que uma das minhas funções era repetir: "Nós vamos conseguir! Vai ficar tudo bem." Se você já esteve nessa estrada com alguém que ama, uma das PRIMEIRAS coisas que aprende é a não demonstrar que também está com medo.

A princípio, soubemos que Holly estava perdendo lentamente a visão devido a um tumor cerebral inoperável, mas benigno, que estava entrelaçado ao seu nervo óptico. Assim que descobrimos um protocolo experimental que parecia promissor, chamado terapia de radiação de prótons, decidimos tentar. Viajamos juntos de Chicago a Bloomington, Indiana, para cinco dias de tratamento por semana durante seis semanas. A teoria era que a radiação de prótons teria como alvo apenas as células ruins e não prejudicaria as células boas. Na época, apenas cinco unidades de saúde no país ofereciam esse tratamento e nos sentimos abençoados por ter o acesso e os recursos para obter a melhor assistência médica.

Naquele momento da minha vida, meu trabalho como palestrante era mais requisitado do que nunca, caminhando para a marca de duzentas viagens por ano ao longo de, pelo menos, uma década. Mas, quando os médicos nos informaram que tinham uma vaga para Holly começar esse tratamento, olhei para minha agenda e, pela primeira vez em anos, eu *não* tinha viagens nem *nada* para fazer durante seis semanas! Aceitei isso como a maneira de Deus me dizer: *Não, filho, não é que você não tenha nada para fazer. É que seu trabalho* AGORA *é cuidar de Holly.*

Então, durante aquelas seis semanas, Holly, Cassius e eu viajávamos para Bloomington e voltávamos para casa nos fins de semana. Os Três Amigos, versão 2.0.

Nas horas livres, Holly e eu continuamos a trabalhar com a mesma diligência de sempre, mantendo um senso de normalidade. Assistíamos a filmes antigos e eu lia em voz alta para ela todas as noites — o que demonstra que a provação de um problema médico pode ser uma boa oportunidade para pôr livros, programas de TV, filmes e músicas em dia. Holly — que amava música ainda mais do que eu — sabia os nomes e as letras de todas as músicas do mundo. Aproveitamos ao máximo cada minuto juntos. Cassius aprovou.

Uma das muitas lições que aprendi durante esse período com Holly e Cassius foi que eu teria sido um bom cachorro. Talvez seja porque tenho um apreço pela lealdade. Se algum dia você me apoiou, eu o apoiarei!

O tratamento nos proporcionou tempo, um bem que passei a considerar o mais precioso do mundo. Em geral, não o valorizamos até perdê-lo. Quando temos dinheiro e o perdemos, sempre é possível ganhar mais. Mas o tempo desperdiçado não pode ser recuperado ou recriado. Está perdido.

Holly usou seu tempo para administrar sua empresa e cozinhar em sua amada cozinha; juntos, ainda desfrutamos de aventuras para nossos destinos favoritos. Mas, à medida que ela começou a perder a visão por completo, uma série de quedas e outros contratempos levaram a um novo diagnóstico: o tumor, antes benigno, era câncer cerebral em estágio IV. Em vez da minha constante reafirmação de que tudo ficaria bem, tudo que eu podia dizer agora era: "Eu estarei ao seu lado o tempo todo!" Às vezes, a coisa mais importante que se pode fazer pela pessoa amada é garantir que ela *saiba* que você a apoiará.

Não sabe o que os médicos lhe dirão? *Eu estarei com você.* Não sabe qual será o resultado da ressonância? *Eu estarei com você.* Não sabe o que esperar do exame de raio-x? *Eu estarei com você.* Estar ao lado dessa pessoa se tornará a coisa mais importante, preciosa e honrosa que pode fazer — e fará — na vida, mas você só vai perceber isso muito tempo depois.

Nós dois sabíamos que restava pouco tempo no relógio da vida de Holly e de nossa vida juntos, mesmo que me recusasse a aceitar. Meses depois, após outra série de quedas, uma segunda cirurgia cerebral e uma longa internação no hospital, consegui levá-la para casa. Depois de assinar os formulários de alta e carregar o carro para retornarmos, Holly sorriu ao reconhecer a primeira música a tocar em nossa playlist: "Comin' Home Baby*", de Quincy Jones!

Perto do nosso último Natal juntos, comprei para Holly o relógio de pulso que estava em sua lista de desejos. Não era especialmente chique ou caro, mas tinha um mostrador preto com números brancos de que ela gostou. Nunca esquecerei o momento em que abriu a caixa, colocou o relógio no pulso e disse com uma espécie de encantamento: "Nossa, olha! Tem Hora Atômica."

"Hora... o quê?" Eu ri e tive que conferir no relógio o que Holly queria dizer.

Foi quando me dei conta. Como havia perdido totalmente a visão em um olho e estava apenas com visão parcial no outro, ela só conseguia distinguir uma parte da palavra. Na verdade, estava escrito HORA AUTOMÁTICA.

Ela tinha razão em um sentido: a única maneira de ter certeza de que você está vivendo plenamente, engajado na busca apaixonada de seus sonhos, no *enésimo* grau absoluto, é viver na "Hora Atômica". Mesmo depois de descobrir que o relógio era "Automático", Holly o adorou ainda mais porque o considerava uma medição atômica — um método pelo qual, para ela, cada segundo deveria ser importante e apreciado, cada partícula de tempo, valorizada.

A negação logo se tornou impossível. O tempo de Holly estava se esgotando, mesmo que eu ainda me recusasse a aceitar. Cada momento, cada pensamento e cada conversa assumiam um novo sentido de urgência, e ela sempre acabava me fazendo a mesma

---

* "Chegando em casa, querida", em tradução livre. (N. da T.)

pergunta: "Agora que estamos vendo como a vida pode ser realmente curta, o que você fará com o resto da sua vida?"

Holly percebeu que eu havia parado de sonhar. Justo o atributo que tinha sido a base de minha força e propósito falhara comigo. Ou eu tinha falhado com ele. Eu não estava em condições de sonhar, pois a ideia de um futuro sem ela era insuportável. Meu medo era grande demais. Como beneficiário, testemunha e receptor de incontáveis bênçãos, de muitos milagres e manifestações do bem, eu não conseguia encarar a realidade de uma vida sem ela.

Holly se recusou a me dar permissão para NÃO sonhar. Ela não deixaria que eu escapasse tão facilmente. Em minha memória, ainda posso vê-la confinada à cama, incapaz de mover a maior parte do corpo sozinha. Com sua pouca visão remanescente, em uma de suas últimas manhãs, Holly me chamou para fazer a mesma pergunta sobre como eu planejava passar o tempo que me restava.

Fiquei sem palavras. Respirei fundo, mas estava perdido.

Ela não aceitaria meu silêncio. "Responda", insistiu. "O que você vai fazer com o resto da sua vida?" Holly não permitiria que eu desabasse. Na verdade, o que ela estava me dizendo era: *"O que você vai fazer quando eu não estiver mais aqui? Já que não estarei aqui para ver, você precisa me contar."*

Holly invalidou todas as minhas desculpas, exigindo que eu pensasse em uma forma de viver na "Hora Atômica" e resgatasse minha própria permissão para sonhar. Ela me deu ordens expressas para escrever este livro e responder à pergunta que não fui capaz de encarar até que eventos posteriores me levaram a uma jornada inesperada.

Não importa em que momento da vida você esteja, espero que esta história o faça recordar-se do poder de sonhar, que habita cada um de nós. Minha esperança é que este livro o ajude a explorar a energia da Hora Atômica; a ter a consciência de que cada segundo importa, de que você é importante, de que tudo que sonha e busca pode ser relevante. Em nossa jornada coletiva do atual momento desafiador, todos testemunhamos que as circunstâncias podem mudar radicalmente em um instante. Cada um de nós tem que dar um pivot radical em direção a um terreno desconhecido e movediço. Só somos capazes de controlar nossos sonhos e nossa jornada para concretizá-los. Esse é o presente de Holly que quero compartilhar com você.

Ao viver na Hora Atômica, você pode mudar sua vida em um piscar de olhos. Como? Basta escolher transformar *um dia* em *hoje*. O primeiro passo para criar essa realidade é ter a coragem de superar o medo e ir Além da Muralha.

Dê a si mesmo permissão para sonhar. Vamos lá!

UM

NOSSO MAIOR PRODUTO DE EXPORTAÇÃO

Uma gaita de primeira linha — foi o suficiente para mudar minha vida em dois dias.

Foi há alguns anos, em uma manhã de inverno em Chicago, tão fria que deve ter quebrado todos os recordes. Apesar do sinistro céu acinzentado e do vento cortante, minha neta, Brooke, e eu nos aventuramos na chuva gelada, já misturada com neve fina, para que eu pudesse cumprir a promessa de lhe presentear com a gaita dos seus sonhos.

Sim, uma gaita. *Dos seus sonhos.*

Brooke, na época com nove anos, parece ter chegado a este mundo com uma sabedoria misteriosa e às vezes enervante. Esse atributo é muito comum em netos primogênitos, segundo me disseram. Outra característica típica é que eles podem ser as únicas pessoas do planeta que acreditam que você é um super-herói de verdade!

Minha neta, Ursinha, pensa que eu, Vovô Urso (como ela me chama), sou o Pantera Negra! Quem sou eu para discutir?

Brooke havia testado sua tese alguns anos antes. No processo, aprendi — ou reaprendi — algo sobre como cada um de nós pode buscar a felicidade de forma ativa, simplesmente fazendo um test drive dos nossos sonhos.

* * *

"Vovô Urso, tem um minuto?", Brooke começara nossa conversa ao telefone com a cadência suave e melodiosa de uma criança de sete anos. Ela raramente ligava quando eu estava viajando, então desconfiei que fosse algo importante.

"Para você, tenho todo o tempo do mundo", respondi, caminhando apressado em direção ao portão de meu voo, onde o embarque já havia iniciado.

Desde que Holly partiu, anos antes, eu me mantive ocupado, trabalhando, viajando, sempre em movimento. O trabalho era satisfatório, mas eu ainda não tinha encontrado a resposta sobre a melhor forma de usar, por mais longo ou curto que fosse, o tempo que me restava.

Brooke, claramente se preparando para me perguntar algo importante, continuou em tom casual.

"Então, o que você está fazendo hoje?"

"Nada, só vou pegar um avião para a Malásia."

"Ah! A Malásia é longe! Você pode me ligar quando voltar."

Eu disse a ela que era todo ouvidos para o que quisesse me pedir.

Brooke: Bem, Vovô Urso, eu estava pensando... Você conhece o presidente, não é?

Eu: Sim...

Brooke: Que bom. Eu quero que você telefone para ele.

Eu: Ah, sim. Só preciso ligar para ele? Por quê?

Brooke: Eu quero que você diga a ele que gostaria de visitar a Casa Branca e tirar uma foto sentada no lugar dele!

Eu: Deixe-me ver se entendi direito. Você quer que eu telefone para o presidente dos Estados Unidos e diga que minha neta de sete anos quer tirar uma foto sentada à mesa dele?

Minha neta me corrigiu. "Diga a ele que eu tenho sete anos *e meio*."

Eu quase disse em voz alta *Ah, claro, então será mais fácil*, mas pensei melhor.

Uma das vantagens de chegar aos sessenta anos é que já temos idade suficiente para saber como as coisas funcionam, mas ainda somos jovens o bastante para dizer: "Ora, por que não?" Então, telefonei para o presidente.

Quando voltei da Malásia, recebi um telefonema da equipe da Casa Branca, dizendo: "Venham!"

14 PERMISSÃO PARA SONHAR

O sonho de Brooke de descobrir a sensação de se sentar à mesa do gabinete presidencial superou suas maiores expectativas. Ela e Obama se deram incrivelmente bem.

Jamais esquecerei o modo como Brooke, antes de nos despedirmos do presidente, deu uma última olhada no Salão Oval e acenou com a cabeça, como se dissesse: *Eu voltarei.*

Não tenho dúvidas.

E foi assim. Aos sete anos e meio, Brooke me deu um curso de reciclagem sobre a audácia de sonhar. Ela se permitiu *pedir* a oportunidade de testar um sonho e ver como se sentia. O sonho era grande, mas o ato de sonhar era natural para ela, tão fundamental quanto respirar. Minha neta partiu de uma proposição do tipo *um dia*: *Um dia posso ser presidente.*

Esse tipo de proposição é um princípio orientador que reforça que vivemos em um país que, pelo menos, em teoria, concedeu a cada um de nós o direito à autodeterminação — de crescer para ser, fazer e alcançar o que dita nossas aspirações mais elevadas. Acredito que essa é também a essência do que torna o sonho americano o maior produto de exportação dos Estados Unidos.

Nos últimos anos, conforme viajava para mais de oitenta países em todos os continentes (com exceção da Antártica), cheguei à conclusão definitiva de que o sonho americano se tornou global. Talvez devêssemos começar a chamá-lo de sonho universal, pois existe além do idioma, da cultura, da religião ou da política. Em minhas viagens, também vi como negligenciamos aspectos desse sonho que fizeram com que o mundo invejasse os Estados Unidos. Houve momentos em que comecei a sentir que talvez precisássemos importar de volta o maior produto de exportação norte-americano — reacender a promessa de acesso igualitário à vida, à liberdade e à procura da felicidade.

Brooke não precisava da permissão de ninguém para sonhar. Ela se concedia essa permissão. Aos sete anos e meio, seu desejo era visitar a Casa Branca, sentar-se na cadeira presidencial e ver como se sentia. E, para ela, fez sentido. Era como olhar por um telescópio de longa distância e se ver naquela imagem futura.

No ano seguinte, o foco e a seriedade de seu sonho de *um dia* ocupar o cargo mais importante do planeta só aumentaram. Em pouco tempo, minha neta começou a planejar seu roteiro para chegar à Casa Branca.

De vez em quando, eu elogiava a sua maturidade. Brooke olhava para trás, toda confiante, e concordava: "Sim, ter oito anos foi ótimo!" E, agora que completara mais um ano de vida, ela acrescentaria: "Mas nove é *excelente*."

* * *

Ironicamente, era mais fácil levar Brooke para a Casa Branca do que encontrar tempo para sair e comprar a gaita que ela tanto queria.

Ah, minha neta estava tão animada para comprar a gaita que esse era o único presente em sua lista de Natal. Desde que meu filho Chris Jr. veio deixá-la em minha casa no dia de Ano-novo, Brooke só falava nisso. Eu já tinha encontrado a loja certa? Sabia qual comprar? Quando iríamos até lá?

É claro que eu tinha vasculhado a cidade e consultado todos os meus contatos na indústria da música antes de ser informado sobre um segredo bem guardado, uma loja discreta que atendia principalmente profissionais e colecionadores. O único problema era que ela tinha horários estranhos e, francamente, ficava em um bairro mais estranho ainda.

"A loja abre amanhã", expliquei a Brooke. "Tomaremos um bom café da manhã, nos agasalharemos bem, pegaremos um táxi e chegaremos assim que abrir. Combinado?"

Ela assentiu solenemente antes de acrescentar: "Acho que nem vou conseguir dormir esta noite."

A paixão de Brooke me encantou, mesmo que ela não conseguisse me explicar de onde vinha esse novo interesse.

No passado, sempre que alguém me perguntava: "Como saberei se encontrei o caminho que me levará à felicidade?", eu costumava mencionar o teste do sono. Se algo estimula sua imaginação a ponto de você mal conseguir esperar o sol nascer para buscá-lo, é provável que seja mais do que uma fantasia passageira. Seu sonho, seja ele grande ou pequeno, deve produzir um clique no momento em que você se der permissão para sonhar pela primeira vez — como uma chave que se encaixa em uma fechadura e abre uma porta para as possibilidades. Como sentar-se à mesa presidencial do Salão Oval da Casa Branca e experimentar uma sensação de bem-estar.

Meu palpite era de que Brooke estava sendo muito estratégica em relação ao seu aprendizado musical. Ela parecia entender que poderia se tornar proficiente muito rápido em um instrumento pequeno como uma gaita e, então, passar para instrumentos maiores e melhores. Até onde sei, minha neta não tinha inspirações ou gêneros específicos — como o blues — que pretendesse dominar.

Ocorreu-me que, de alguma forma, ela achou que seria legal sacar uma gaita e tocar.

Pensando bem, eu também!

Não importava o que havia acendido essa chama em Brooke. Tudo o que importava era que, se minha neta quisesse uma gaita, então compraríamos a melhor para ela, sem questionar — mesmo que isso significasse ter que viajar Além da Muralha.

Sim, acontece que, em toda Chicago, meu lar pelos últimos trinta anos, o único lugar onde é possível comprar a melhor gaita é essa loja de música no North Side, em um bairro que é praticamente inabitável. E é isso que quero dizer com ir Além da Muralha. Se você é fã de *Guerra dos Tronos*, como eu, conhece o mundo congelado habitado pelos Caminhantes Brancos, figuras semelhantes a zumbis, contra os quais a Patrulha da Noite precisa defender a humanidade. Se você não entender a referência, não tem problema. Tudo que precisa saber é que ninguém quer ir Além da Muralha. Definitivamente não no dia 2 de janeiro e em especial com um clima daquele.

Você pode estar pensando: *Era tão ruim assim? Você mora em Chicago, já não está acostumado com o clima?*

As respostas são: "Muito ruim" e "Não". Às vezes, esquecemos como o frio pode ser cruel e intenso. Além disso, o serviço de meteorologia não previra qualquer tipo de precipitação, e até sugeriu que a temperatura seria mais amena do que o normal. Mas, não, no minuto em que Brooke e eu saímos do saguão do meu prédio até o táxi que já nos esperava, uma rajada de vento, carregada de gelo e neve, nos atacou como um zumbi assassino surgido do nada.

Acomodando-se no táxi, minha neta riu, ergueu as mãos protegidas por luvas grossas e as esfregou. Ri também, mas me arrependi de ter sido tão presunçoso ao me vestir. Brooke, graças ao zelo de sua mãe ao prepará-la para o clima inclemente de Chicago, estava vestida de acordo. Eu não. Por algum motivo, decidi usar um suéter com um sobretudo elegante, mas leve, e um cachecol de lã. Sem gorro, sem luvas.

Quando anunciei o endereço da loja, o taxista pareceu surpreso — ou será que era preocupação? Mesmo assim, ele não disse uma palavra ao entrar na North Wabash e seguir em direção à North Michigan Avenue, onde virou à esquerda para pegar o sentido norte. Dali, foi uma linha reta por um bom trecho, até quase os limites da cidade; depois seguimos um pouco mais a oeste e ao norte até o bairro onde poderíamos encontrar a gaita de Brooke.

Mesmo com o calor dentro do táxi, dava para ver nossas respirações.

"Isso que é inverno!", puxei conversa. "Em plena força."

"Que bom que não estamos caminhando!", acrescentou Brooke.

Quanto mais avançávamos, menos gente havia na rua. Os poucos transeuntes pareciam bonecos de neve em movimento; apertavam as roupas contra o corpo e se inclinavam para a frente, com a cabeça baixa, para não serem derrubados pelo vento.

A chuva gelada e a neve pareciam grudar no chão. O taxista diminuiu a velocidade, por um bom motivo. Apesar de não dizer nada, eu queria que ele acelerasse, para talvez chegarmos mais rápido à loja e retornarmos para o calor e a segurança de casa.

Ao longo do lago, epicentro da Cidade dos Ventos, o frio é notoriamente brutal. Devido a um conjunto complexo de fatores, relacionados à latitude e longitude, bem como à direção e intensidade do vento, talvez seja o ponto mais frio da América do Norte. Pode não ser tão brutal quanto na Antártica, mas é parecido. Minha neta — que morava em Boston com a mãe a maior parte do ano — estava certa ao afirmar que era bom não estarmos andando por aí. Já fiz isso e sei bem como é. Quando o vento sopra sobre o lago em sua direção, parece que você está no Polo Norte — com a sensação de que deveria ter ficado em casa.

Com isso, só quero demonstrar que, ao contrário da previsão do tempo, esse foi um dia congelante. O tipo de dia que faz você se perguntar por que mora em Chicago.

"Vovô Urso, é aqui onde os Cubs jogam?", perguntou Brooke, momento em que nosso taxista interrompeu e explicou que, de fato, estávamos passando por Wrigley Field.

Quando os dois começaram a discutir qual cidade tinha os fãs mais barulhentos — Chicago ou Boston —, me ocorreu que parte do motivo pelo qual evito ir Além da Muralha tem a ver com os fãs dos Cubs que comemoram vitórias e derrotas com a mesma intensidade. E essas festividades sempre envolvem álcool. Tanto é verdade que, durante, antes e depois dos jogos da temporada regular, quase todo mundo nas proximidades está embriagado em algum grau. A maioria dos jogos é realizada durante o dia na esperança de evitar a embriaguez à noite. Mas o resultado é que os fãs bebem o dia todo. Em outras palavras, você pode esperar problemas Além da Muralha.

Entretanto, quanto mais eu pensava sobre isso, talvez — apenas talvez —, em vez de encontrar problemas ou não viver algo memorável, fosse possível que Ursinha e eu estivéssemos em uma expedição ousada e emocionante.

* * *

Nós nos perdemos.

O taxista passou direto pela loja de música na Clark e teve que retornar. O tráfego diminuiu consideravelmente e quase não havia ninguém dirigindo ou caminhando com aquele frio. Nosso motorista tentou redirecionar a rota algumas vezes em seu GPS, mas o aparelho continuou nos enviando para ruas nas quais não desejávamos passar, mesmo dentro de um táxi. Não havia muito a fazer a não ser aceitar a situação.

Brooke, entusiasta de gaita e futura presidente de nove anos, percebendo que talvez eu precisasse de uma distração para não pensar que nossa aventura não tinha começado bem, decidiu usar o tempo para me fazer perguntas.

Sua linha de interrogatório favorita envolvia histórias sobre quando o pai dela era criança e a minha infância. Brooke sempre teve uma ligação especial com a bisavó, minha falecida mãe, que morreu anos antes de eu me tornar avô.

Bettye Jean Gardner Triplett — ou Mama, como eu costumava chamá-la — foi a única pessoa no mundo responsável por incutir em mim a permissão para sonhar. Filha de um meeiro de terras, nascida em Little Rock, Arkansas, e criada no coração da Louisiana, nas trevas da Grande Depressão e sob a mão pesada de Jim Crow, ela nunca teve a oportunidade de realizar os próprios sonhos. E, no entanto, quando se tratava dos filhos, recusava-se a ser impedida de fazer todos os sacrifícios necessários para que tivéssemos as opções que lhe foram negadas. O evangelho que me fora passado por Bettye Jean era de nunca deixar que nada nem ninguém me impedisse de realizar meus sonhos e de fazer e ser tudo o que eu assim escolhesse.

Brooke se lembrou de uma história que ela não ouvia há algum tempo, da época em que eu queria tocar trompete — não muito diferente do seu desejo de aprender gaita. Os detalhes não estavam muito vívidos, então ela pediu para ouvir tudo de novo.

"Por que você queria tocar trompete, Vovô Urso?"

"Porque Miles Davis tocava trompete e eu queria ser ele."

"Você queria tocar como ele?"

"Não, meu maior sonho, a missão de minha vida, era ser um músico de jazz de primeira linha. Não para ser como Miles, mas para ser ele." Expliquei a Brooke que na primeira vez que ouvi um disco de Miles Davis, apenas cinco notas após meu tio deixar cair a agulha no LP, pensei que um mago havia lançado um feitiço em toda a sala.

Brooke já conhecia discos de vinil por causa do pai — meu filho, Chris Jr., ele próprio um amante da música —, mas não sabia a diferença entre 45 rpm (os discos pequenos com buracos grandes) e LPs (os discos grandes com buracos pequenos). Tive que me conter para não dizer a ela por que a nova tecnologia musical é inferior ao som da música gravada na minha época.

A última coisa que eu queria era ser um daqueles velhos que sentam na varanda e divagam: *Na minha época...* Em vez disso, recordei a Brooke como minha mãe ficou feliz quando expressei o desejo de aprender música.

Mama moveu céus e terras para que eu conseguisse um trompete de segunda mão e aulas com o melhor professor que ela pudesse encontrar. Estudei música e teoria musical e toquei trompete por nove anos.

Contar a história para minha neta trouxe de volta aqueles dias em detalhes vívidos. Aprendi a tocar como um profissional. Aprendi a habitar a alma do jazz. Eu memorizei cada nota de cada composição de Miles Davis. Comecei até a falar como ele.

Nesse ponto da história, Brooke revirou os olhos.

"Sim, foi assim que sua bisavó reagiu também. E foi então que tivemos A Conversa."

Minha neta me lançou um olhar interrogativo, como se dissesse *continue*.

"Sua bisavó me sentou à mesa da cozinha e disse: 'Querido, você é muito bom nessa coisa, mas não pode ser Miles Davis. Só existe um, e ele já conseguiu essa vaga.'"

Bem, como expliquei a Brooke, isso me confundiu no início, porque minha mãe sempre me disse que eu poderia fazer e ser o que quisesse. O único porém era que eu tinha que fazer isso como Chris Gardner — não como Miles Davis. Em seguida tive que enfrentar a realidade de que, aos dezoito anos de idade, Miles estava em Nova York, tocando com Quincy Jones e Dizzy Gillespie, mudando a música para sempre. Com a mesma idade, eu estava em Milwaukee, Wisconsin, tocando com dois caras chamados Pookie e Ray Ray. Éramos bons, mas estávamos longe de ser músicos de primeira linha. E não estávamos nem perto de mudar a música.

"Mas sabe de uma coisa, Brooke?", falei, fazendo uma nova descoberta, "aqueles nove anos tocando trompete e querendo ser Miles me ensinaram a estar pronto quando um sonho maior surgisse".

Brooke refletiu sobre essa nova reviravolta na história, algo que ela não tinha ouvido antes. Pude perceber em seu rosto uma pergunta despontar e ganhar vida: "Vovô, quando você era mais jovem, tinha algum outro sonho?"

"Você está de brincadeira? O tempo todo!"

O taxista riu e parou bem na frente da loja de música. "Todos sonhamos", admitiu, endossando minha afirmação. Brooke, não muito satisfeita com minha resposta, pediu um complemento. "Mas, Vovô, que outro sonho era *importante* para você?"

A pergunta de repente me levou de volta a um ponto da minha adolescência — uma época difícil —, quando eu tinha doze até um pouco mais de treze anos. Do nada, as memórias de como aprendi a sonhar ressurgiram — caindo como a chuva e a neve do lado de fora do carro. Era algo que eu realmente tinha esquecido. Naquela época, para sair de casa, que era dominada por um padrasto violento e abusivo — muito pior do que qualquer coisa assustadora que pode acontecer Além da Muralha —, eu costumava me sentar do lado de fora da estação de ônibus Greyhound no centro de Milwaukee.

Cada detalhe ficou gravado em minhas lembranças — os enormes e chamativos ônibus Greyhound transportando passageiros, todos parecendo muito felizes por visitar lugares que, para mim, estavam a mundos de distância. Meus tios, irmãos de minha mãe, serviram em braços distintos das forças armadas e me contavam histórias de suas viagens. A possibilidade de que um dia eu também partisse, visse o mundo e viajasse para todos aqueles lugares exóticos era um sonho contínuo que me sustentava, alimentava e me mantinha aquecido por dentro.

Na estação de ônibus, embarquei no sonho americano — nosso maior produto de exportação. E com ele veio a promessa de que eu poderia construir um futuro para mim, que me levaria mais longe do que eu conseguiria imaginar na época. Cada ônibus que partia tinha um indicador de destino no para-brisa. Memorizei os números das rotas de todos os destinos — Kansas City, Cleveland, Detroit, Saint Louis e muito mais. Os nomes de todas aquelas cidades despertavam sonhos mais vívidos e detalhados quanto mais eu imaginava visitá-las. *Um dia.*

Na maioria das vezes, eu não tinha um centavo no bolso e obviamente não podia comprar uma passagem. Mas o sonho de *um dia* ser capaz de pagar para entrar em um ônibus e partir para algum lugar diferente e novo — uau, era o máximo.

Enquanto contava a Brooke o quanto a estação Greyhound significava para mim, não consegui conter o sorriso. Desde aquele sonho, quase esquecido, de *um dia* visitar outros lugares, foram tantos dias e aventuras que eu mal conseguia contar quantos países havia visitado apenas nos últimos dez anos. Mais de oitenta?

E lá estávamos nós, em frente ao nosso destino — Além da Muralha; parecia que havíamos viajado uma eternidade em um único dia para chegar até ali. Agora, tudo o que tínhamos a fazer era comprar a gaita e voltar para casa.

Tendo feito amizade com o taxista, paguei a corrida e lhe dei US$20 extras para manter o taxímetro rodando. Ele não pareceu muito empolgado, mas concordou em esperar.

"Quinze minutos", prometi, e saí com Brooke, caminhando o mais rápido possível em direção à loja de música, com todo cuidado para não escorregar.

DOIS

UM DIA...

Com a cabeça baixa, fiquei atento aos nossos pés enquanto caminhávamos pela calçada congelada em direção à furtiva loja de instrumentos musicais. Depois de todo o esforço, comecei até a duvidar de sua existência. Além de uma placa desbotada contendo o nome e o endereço do prédio, obscurecido pela neve incrustada, não havia sinais nas janelas escurecidas que anunciassem o tipo de produto que vendia ou mesmo se era uma loja real. A única maneira de entrar no lugar era por um frágil conjunto de portas duplas. Quem as instalou deve ter algo contra pessoas altas.

Foi quando me dei conta de que a loja poderia estar fechada por causa do clima. O pensamento me fez olhar para trás para me certificar de que nosso motorista ainda estava esperando. Para meu alívio, o táxi estava bem ali, embora envolto em uma névoa de chuva congelante e neve. Mais tranquilo, alcancei a maçaneta das portas duplas, já esperando que estivessem trancadas. Brooke passou por baixo do meu braço, abriu caminho e nos conduziu a uma espécie de terra encantada, de sonhos.

Depois de apenas dois ou três passos dentro da loja, Brooke e eu paramos, deslumbrados com a visão ao nosso redor. Saímos da escuridão daquele dia sombrio de inverno e mergulhamos no abraço caloroso de um espaço iluminado em tom de âmbar, lotado de instrumentos musicais, equipamentos, acessórios e muito mais. Do acústico ao elétrico e ao digital, aquela deveria ser a nave-mãe.

Examinamos o cenário à nossa frente: do chão ao teto, escada acima, havia corredores de prateleiras repletas de todos os tipos de instrumentos. Placas — com setas que apontavam para direita e esquerda — anunciavam diferentes departamentos. Uma enorme surpresa para um lugar tão discreto. Imaginei que aquela portinha deve ter sido a loja original, que foi se expandindo pelos imóveis vizinhos, nos quais os proprietários investiram em vez de fazer uma reforma externa.

Agora eu entendia por que aquele lugar foi tão recomendado. Era o Shangri-La dos instrumentos e acessórios musicais. Se Keith Richards estivesse na cidade e precisasse de uma corda de violão, iria para lá. Se Drake quisesse gravar uma sessão de freestyle, aquele era o lugar. Não era sofisticada ou esnobe, era apenas um estabelecimento que existia desde sempre, com uma atmosfera que lembrava mais um museu de instrumentos musicais. Após explorar os arredores, cheguei à conclusão de que havia instrumentos guardados a sete chaves, que nenhuma pessoa viva jamais tocou. Mas bastava pedir e alguém os mostraria a você.

Obviamente, a loja atendia a uma clientela profissional e séria, mas também a músicos mais inexperientes, que procuravam o modelo mais recente de teclado digital, conjunto de bateria ou engenhoca para criar batidas, bem como todo tipo de pickups de DJs, individuais e duplas, para clubes noturnos ou festas em casa. Eles tinham tudo para músicos da velha escola e da nova escola e o necessário para novatos parecerem experientes.

Sabe uma criança em uma loja de doces? Cara, foi assim que me senti. Fiquei em êxtase, não me contive e comecei a apontar, primeiro para um trompete top de linha, com um polimento tão brilhante que mais parecia de ouro do que de latão. Então, vi guitarras Gibson e Fender e "ah, é um amplificador Vox, Brooke! Veja como é grande!".

Ela assentiu com admiração e espanto.

"Antigamente", contei a ela, "se você precisasse de um amplificador, era necessário carregar um assim — grande como uma geladeira — para obter um determinado som". Analisamos as opções mais recentes. "Veja, hoje os amplificadores podem ser do tamanho de uma torradeira e ainda é possível obter o mesmo som poderoso."

Tudo que você pudesse imaginar estava, pelo menos, representado ali, quando não em abundância — instrumentos de corda e sopro; todos os diferentes tipos de instrumentos de percussão; teclados de todas as faixas de preço, tanto elétricos quanto acústicos; violões de todo tipo; e uma gama completa de acessórios, como arcos de violino, palhetas para saxofones e clarinetes, estantes de partitura, estojos de instrumentos, metrônomos, diapasões, bastões de maestro e uma variedade de livros de instrução e partituras.

Por toda a loja, diferentes instrumentos eram tocados ou testados, não em concerto, mas, ainda assim, em harmonia espontânea — uma batida latina em tambores de conga, um groove caribenho em uma marimba, um riff de jazz em um contrabaixo. Algum prodígio começou a se aquecer no piano, com uma peça que parecia ser de Chopin. Outra pessoa começou a afinar um violão.

Eu estava no paraíso. Minha neta parecia Dorothy em Oz, com uma expressão que dizia: *Nós não estamos mais no Kansas, Vovô!*

Chegamos na companhia de várias pessoas que, como nós, não devem ter recebido o memorando sobre o mau tempo. Com tanto som preenchendo o ambiente, era de se imaginar que a loja estivesse lotada, mas, conforme Brooke e eu continuamos nosso tour, percebi que havia muito mais vendedores do que clientes.

Quanto mais analisava esses vendedores, mais convencido eu ficava de que havíamos entrado em um túnel do tempo. Sem dúvida, eles trabalhavam na loja há *muuuito* tempo — por falta de um termo melhor, eram de antigamente. Era uma profusão de barbas compridas e desgrenhadas, óculos de aros de metal, cabeças carecas e afros grisalhos e vendedoras sósias de Janis Joplin e Tina Turner — só que 45 anos depois. Pareciam hippies que cresceram e se tornaram avós, sem mudar o estilo. Um vendedor, que ajudava um cliente mais jovem na seção de violões, tinha adornos mais recentes — rabo de cavalo, miçangas, pulseiras e tatuagens, embora as tatuagens não fossem tão novas. Dava para perceber pela flacidez da pele.

Outra coisa que me impressionou sobre os funcionários foi que todos estavam vestidos para o clima — camisas xadrez, suéteres, gola alta e botas de caminhada. Sem medo de enfrentar as intempéries, eles pareciam ter vindo para o trabalho com o mesmo senso de significado e propósito que as equipes das máquinas limpa-neve ou de empresas de energia elétrica. No entanto, poderiam ser apenas seus trajes habituais — como se morassem em Portland, no Oregon, e não em Chicago. Ou como se tivessem saído de Portland no final dos anos 1960, atravessado o país, feito uma parada no festival de Woodstock e acabado aleatoriamente em Illinois.

Sejam quais forem as histórias verdadeiras, os vendedores eram nitidamente dedicados a ajudar os clientes a escolher os instrumentos musicais de seus sonhos. Sua experiência e paixão adicionavam uma camada extra ao charme da loja.

Ciente de nosso cronograma, levei Brooke até o vendedor de rabo de cavalo e tatuagens, que acabara de entregar um violão para um cliente entusiasmado. O ritual foi incrível. O jovem pegou o violão, já no estojo, e segurou-o como se fosse um bebê que acabara de adotar. Será que ter aquele violão era o maior sonho da vida dele? Talvez não. Mas sonhos pequenos levam a sonhos maiores, e ele aparentava ser alguém que transformaria sua vida graças àquele violão.

Os olhos de Brooke brilharam. Ela estava prestes a ter a gaita de seus sonhos. O vendedor percebeu sua expectativa, inclinou-se e avisou: "Já atendo vocês. Eu só vou verificar um item no meu catálogo para esse cara aqui." O cliente com o novo violão acenou com a cabeça graciosamente.

A visão de nosso vendedor folheando um catálogo desencadeou algo dentro de mim que não consegui identificar a princípio, mas que trouxe consigo uma onda de emoção que me pegou desprevenido. Por alguns segundos, me deixei levar por aquela onda.

* * *

Onde os sonhos começam? Como nos damos permissão para sonhar quando a realidade que vemos e experimentamos na vida cotidiana oferece pouca esperança ou garantia de que nossos sonhos possam se realizar?

Para mim, a permissão para sonhar começou com minha irmã mais velha, Ophelia, e o catálogo da Spiegel. Na minha infância, dos meus quase três anos até cerca de cinco anos e meio, Ophelia e eu nos separamos de nossa mãe por intervalos diferentes, durante o período que ela fugia de Freddy, nosso padrasto cruel e violentamente abusivo. A certa altura, quando tentava juntar dinheiro para que morássemos juntos em um lugar seguro, mamãe enfrentou problemas jurídicos.

Por um tempo, Ophelia e eu fomos enviados para um lar temporário. Durante um ano e meio, antes que as memórias difíceis se formassem, eu costumava sonhar com uma linda senhora que vinha até o lar adotivo e fazia doces para mim — açúcar caramelizado. O sonho acabou se tornando realidade. Muito mais tarde na vida, quando contei esse sonho para minha mãe, seus olhos se encheram de lágrimas e ela me explicou: "Querido, aquela senhora era eu." Ela conseguia saídas temporárias da prisão, por tempo suficiente para visitar os filhos.

Após uma dessas visitas, mamãe conseguiu convencer o irmão mais velho e a esposa dele — tio Archie e tia TT — a acolherem eu e Ophelia. Pelo que me recordo, eu tinha quatro anos e minha irmã seis. Embora eu não me lembre de quem inventou o jogo que chamamos de Esta Página/Aquela Página, ainda posso visualizar nossos momentos como se fosse ontem — nós dois sentados juntos por horas, às vezes esparramados no tapete, examinando todo o conteúdo do catálogo Spiegel, da primeira à última página. Inventamos uma competição que consistia em virar uma página, e quem colocasse a mão na página seguinte podia reivindicar todos os itens mostrados nela. Tudo.

Reivindicamos vestidos femininos, joias, sapatos masculinos, pijamas infantis, chapéus, casacos e ternos. E também meias e roupas íntimas. A maior parte do que estava no catálogo da Spiegel eram itens encontrados em lojas de departamento. De vez em quando, examinávamos outros catálogos, como o da Sears Roebuck, que nos permitia ter acesso a equipamentos de camping, ferramentas elétricas e cortadores de grama. E havia bicicletas, trampolins e brinquedos especiais que não era possível encontrar em outro lugar.

Quem quer que batesse na página seguinte primeiro teria que dizer: "Essa página é minha!" Na minha vez, eu costumava acrescentar: *"Tudo isso* é meu!" Nós também nos revezávamos, de modo a não criar um desequilíbrio na propriedade de todos aqueles produtos. E, se os itens retratados em uma página não fossem de seu interesse, você poderia passar a vez e a outra pessoa teria direito a reivindicar duas páginas seguidas. Por que não? O ato de ser seletivo também era empoderador. Escolher a página e os itens certos era parte do jogo.

Éramos duas crianças que não tinham nada, a não ser o amor e o apoio de nossos tios naquela época, e as necessidades básicas da vida, mas nada de coisas materiais. O conceito de propriedade era de fato tão remoto que o ato de reivindicar produtos nas páginas de um catálogo era nossa forma de ter algum tipo de superpoder. Foi assim que comecei a sonhar que chegaria um momento — *um dia* — em que os itens naquelas páginas realmente pertenceriam a mim. E Ophelia compartilhava desse sonho.

E então, de alguma forma, sem que discutíssemos sobre isso, o jogo mudou — quando um de nós batesse em uma página, tinha o poder não apenas de sonhar em ter as coisas para si, mas de sonhar em dar ao outro. Isso era grande!

"Tudo isso é seu", eu dizia a Ophelia. E ela batia em uma página e anunciava: "Estou lhe dando tudo isso. Um dia todas essas roupas e sapatos serão seus." Minha irmã e eu nos presenteávamos com todos os tipos de itens de catálogos. Em seu aniversário, lembro-me de ter dado a Ophelia uma página com motosserras, britadeiras e um barracão de metal. Ela me deu conjuntos de pratos e cortinas de cozinha. Todos os itens. Não importava o quão longe no futuro nosso *um dia* estivesse, os presentes trocados eram muito apreciados e reais em nossa imaginação. O sentimento nunca me abandonou — *Um dia tudo isso será meu, e um dia eu lhe darei tudo isso também.*

A memória dessa generosidade me fez sorrir no meio da loja de música. Ao que parece, os sonhos da infância são difíceis de morrer, pois passei a ter um sério vício em comprar roupas e sapatos. Também me ocorreu que a cozinha de Holly era uma realização adulta do jogo Esta Página/Aquela Página. Os sonhos realmente começam em tenra idade, em estágios de nossa vida nos quais podemos nem estar conscientes deles.

* * *

Minha fuga momentânea ao passado — que não durou muito mais do que meio minuto — chegou ao fim com a voz de Brooke me chamando: "Vovô?" Assim que conseguiu minha atenção, continuou: "Você parecia estar vendo algo invisível. Um fantasma ou algo assim."

Ninguém jamais me disse isso, exceto minha mãe. E novamente fui levado por uma onda de memória que durou uma fração de segundo.

Desde a infância até minha juventude, sempre que precisava me distanciar emocionalmente das dificuldades do presente, eu me concentrava no pensamento de como a situação seria melhor no futuro. Mama percebia isso e perguntava: "Filho, você está vendo aqueles fantasmas de novo?"

Ao que eu sempre respondia: "Sim."

E Mama acrescentava: "Tudo bem, filho. Contanto que você os veja com os olhos da alma, ninguém precisa vê-los além de *você*."

Anos mais tarde, a lembrança das palavras de minha mãe evocava um trecho da Bíblia que diz: "Ora, a fé é o firme fundamento das coisas que se esperam, e a prova das coisas que se não veem." (Hebreus 11:1). Há lições excelentes na Bíblia que minha mãe tentou me ensinar. Gostaria de ter prestado mais atenção na escola dominical. Felizmente, eu tive Mama tentando me preparar para um mundo que ela sentia estar além de seu alcance, mas que sonhava para mim. Ela escolheu me assegurar de que não havia problema em olhar para o futuro e imaginar possibilidades.

Em minha memória, eu podia ouvi-la dizer que não havia problema em ver fantasmas. Parece que foi ontem, mas começou antes de eu completar seis anos. Foi quando Ophelia e eu finalmente voltamos a morar com nossa mãe — depois que ela decidiu que a única maneira de ficarmos todos juntos era o caminho de menor resistência com Freddy. Se ela tentasse deixá-lo, ele nos mataria. Por mais difícil que seja de imaginar, para qualquer pessoa que cresceu em um ciclo progressivo de violência doméstica, esse é um fato. Talvez também seja por isso que aprendi cedo a me dar permissão para sonhar — era uma forma de *sobreviver*.

"Sim, pensando bem, eu vi um fantasma", admiti para Brooke, "e isso me lembrou de um jogo que eu e sua tia-avó Ophelia, minha irmã mais velha, costumávamos fazer".

Quando expliquei a Brooke como funcionava Esta Página/ Aquela Página e como nos deixava felizes presentear um ao outro com uma página inteira de produtos tanto quanto reivindicá-la para nós mesmos, acrescentei: "Lembrei-me de outra coisa também. Qual você acha que é a diferença entre um desejo e um sonho?"

Minha neta não perdeu tempo em responder. Afinal, tinha nove anos. "Isso é fácil, Vovô Urso", e então ela me lembrou dos livros de Harry Potter. "Um desejo é algo você quer transformar em realidade com magia."

Ah, certo. E a encarei com uma expressão que dizia *continue*.

"E um sonho é algo que você faz acontecer."

"Ah", respondi e emendei, "então você está dizendo que tem que escolher seu sonho com sabedoria?".

Antes que Brooke pudesse responder ou que pudéssemos continuar o assunto, o vendedor com o rabo de cavalo finalmente estava pronto. Ele se aproximou caminhando casualmente. "Em que posso ajudá-los hoje?"

Brooke assumiu o centro do palco, respondendo com uma mão no quadril e um aceno de cabeça: "Quero uma gaita de primeira linha!"

Foi quando percebi que toda aquela expedição não estava sob meu controle, era um sonho que minha neta escolheu realizar.

"Que tipo de gaita de primeira linha você tem em mente?", perguntou o vendedor olhando na minha direção, com suas pulseiras e miçangas tilintando.

Depois de esclarecer que era Brooke quem precisava de uma gaita de primeira linha e que, como ela era iniciante, precisaríamos de um excelente livro de instruções, nosso vendedor se corrigiu.

"Então... primeira linha, você disse?" Ele começou a listar os diferentes modelos de gaitas disponíveis.

Brooke, insegura, repetiu as palavras "de primeira linha" e deu um exemplo, dizendo: "Você sabe, a Ferrari das gaitas."

Uau. Ela me ouvira contar essa história algumas vezes. O episódio ocorreu no momento de minha vida em que decidi não seguir carreira na música e também não usar o treinamento que recebi na Marinha dos Estados Unidos para me tornar um cirurgião cardiovascular ou especialista em pesquisa médica. Essa história me levou a encontrar meu caminho para uma carreira no mundo de Wall Street que engloba todo o setor de serviços financeiros. E foi tudo por conta de uma Ferrari vermelha que me chamou a atenção certa tarde em São Francisco.

Na verdade, claro, *não* foi o reluzente esportivo italiano vermelho-bombeiro que me convenceu a me enveredar pelos caminhos de Wall Street. Nem por um minuto. Foi um flash no filme da minha vida que me deu a oportunidade de conferir e fazer as duas perguntas mais poderosas que estão disponíveis a qualquer um, a qualquer hora. Certo dia, já com quase trinta anos, em um momento que estava começando a aceitar o fato de que não era capaz de sustentar uma namorada e nosso bebê com meu trabalho de vendedor de equipamentos médicos, vi por acaso um cara da minha idade estacionar diante de um manobrista e descer desse carro dos sonhos. As palavras saíram exasperadas de minha boca, como se eu fosse Miles Davis tocando o trompete: "Ei, preciso te fazer duas perguntas!"

Ele continuou andando, quase me ignorando. Bem, estamos todos sempre com pressa. Eu também estava. Mas *precisava saber*. Tentei me posicionar na frente dele, mas ainda mantendo o respeito e exaltando seu óbvio sucesso. Não me lembro exatamente do que disse, mas a ideia geral foi: *Ei, sei que está com pressa, mas, por favor, você tem que me dizer uma coisa, tem que solucionar esse mistério, cara. Este pode ser o meu dia de sorte e o seu também!*

Ele diminuiu a velocidade e esperou pelas minhas perguntas.

A primeira foi "O que você faz?" e logo em seguida "Como você faz isso?".

O que você faz? e *Como você faz isso?* são perguntas que podem ser usadas por qualquer um, a qualquer momento, sempre que estiver em busca de algo que o leve ao *enésimo* grau.

Essas foram as duas perguntas que me ajudaram a encontrar meu sonho, aquilo em que eu queria ser um profissional de primeira linha. E primeira linha significa que seu nome será referência em um campo específico — uma área ou vocação. Um profissional de primeira linha.

O dono da Ferrari vermelha me respondeu com franqueza. Era um corretor da bolsa e trabalhava na Bolsa de Valores de São Francisco. Como fazia isso? Ele estava disposto a me levar até um pregão naquela mesma semana para me mostrar. E, no momento em que cheguei lá, foi como se eu recebesse a chave que abriria as portas para meu futuro. Não importava quais obstáculos teria que enfrentar, eu *não* tinha dúvidas de que meu caminho era o mercado financeiro, pois eu SENTI. Foi a mesma sensação que experimentei ao ouvir Miles Davis pela primeira vez — a energia que pairava no ar da bolsa de valores era eletrizante, era um outro mundo. Naquele pregão, eu soube que ali era o meu lugar. Não foi um sentimento do tipo *acho que posso fazer isso*. Não foi *gostaria de tentar*. Foi *é aqui que eu deveria estar*.

Assim que recebi minha chave, o segredo era descobrir a porta certa que me daria acesso ao meu lugar naquele mundo. Por incrível que pareça, foi um carro esporte de primeira linha que chamou minha atenção e me ajudou a encontrar o sonho certo para mim.

Agora era Brooke quem pedia sua Ferrari das gaitas. Balancei a cabeça com orgulho. Mas então, não querendo perder tempo, interrompi e acrescentei: "Certo, a melhor que você tiver. Queremos a mesma gaita que Stevie Wonder tocou na gravação de 'Fingertips, Parte 2'."

No início, o vendedor deu de ombros, com o rosto inexpressivo, como se dissesse: *Quem saberia uma coisa dessas?* Eu não queria insultá-lo, sugerindo que consultasse o Google. No entanto, milagrosamente, um brilho surgiu em seus olhos.

"Eu estava lá!" Ele começou a nos contar que, em uma noite de 1963, foi com os pais ao festival Motortown Revue no Regal Theater de Chicago, onde a música foi gravada ao vivo. Na década de 1960, havia duas salas de concertos icônicas para todo artista negro que sonhava com fama e fortuna ou que já era famoso: o Apollo Theater, no Harlem, e o Regal Theater, no South Side de Chicago. O mais conhecido dos dois era o Apollo. Seu público era notoriamente difícil e costumava vaiar até expulsar do palco qualquer um que não o conquistasse nos primeiros minutos. O Regal, de nome bastante apropriado para seu design opulento, não era tão famoso, mas tinha o dobro do tamanho do Apollo. O público de Chicago acabou mal acostumado pelos *melhores* artistas de blues e jazz, todos locais. Portanto, com os artistas emergentes da Motown de Detroit, eles poderiam ser bastante cruéis.

No meu 45 rpm — os pequenos discos com grandes buracos —, a multidão grita quando o pequeno Stevie Wonder, de doze anos, começa a tocar sua gaita, em uma música que é basicamente instrumental. Há umas partes cantadas — "Todo mundo diga 'Sim!'"* —, mas nada de muito profundo. Aparentemente, os produtores da Motown criaram a melodia de "Fingertips" para

---

* No original, "Everybody say 'Yeah'!". (N. da T.)

exibir os dotes de Stevie tocando gaita e bongô. Quando ouvi essa música, aos nove anos de idade, pensei que era tudo uma enganação e que na verdade outras pessoas da banda tocavam com ele. Tamanho era o poder do som da gaita de Stevie. O momento histórico aconteceu quando parecia que ele estava terminando a música e tocou um riff rápido de "Mary Had a Little Lamb" e o público foi *à louuucura*, pedindo bis. Segundo relatos, a banda foi substituída para a apresentação do artista seguinte (não importa quem), mas Stevie decidiu voltar ao palco e tocar a "Parte 2". Um dos membros da banda que tinha acabado de assumir gritou: "Qual é o tom? Qual é o tom?", e essa fala acabou saindo na gravação ao vivo.

"Você sabe o que é interessante sobre isso?", o vendedor contou a Brooke. "Foi real e as pessoas adoraram." "Fingertips, Parte 2" fez tanto sucesso que atingiu o topo da parada pop e fez de Stevie Wonder o artista mais jovem a alcançar essa distinção, disse ele.

Para minha neta, a história era hipnotizante. Mas já estávamos na loja há uns bons dez minutos e não queríamos abusar da sorte. Tínhamos um táxi nos esperando do lado de fora.

O vendedor agora sabia qual gaita nos mostrar: uma gaita cromática (não uma diatônica, que é mais comum). Em geral, músicos folk, como Bob Dylan, tocam a diatônica, que tem dez furos, mas os artistas que desejam um som de órgão completo, como Stevie, usam a cromática, que tem até dezesseis furos e uma chave que pode aumentar o tom de cada orifício e adicionar quase um vibrato. O vendedor nos avisou que a cromática era mais difícil de aprender a tocar e exigia um controle mais avançado da respiração.

Sem problema. Queríamos uma gaita igual à que Stevie usara em seus maiores sucessos. E finalmente escolhemos a Hohner Chromonica Super 64 e um livro de instrução musical. Enquanto o pacote estava sendo embrulhado, lembrei-me de contar a Brooke sobre quando eu tinha dezoito anos e assisti a um show de James Brown em Milwaukee — ao custo de US$1 —, em um enorme auditório de uma feira estadual.

"Hmmm", murmurou Brooke. "Quem é James Brown?"

Ah, disparei a falar. *Quem é James Brown?* Uma mistura de Prince e Michael Jackson. O maior showman, empresário, compositor, produtor musical de sua época. James Brown cantou e escreveu canções que são tão contagiantes hoje quanto eram há quarenta e tantos anos — "I Feel Good!", "Cold Sweat" (Partes 1 e 2) e muitas outras.

As mulheres ficavam *enlouquecidas* por James Brown. Ele tinha uma energia poderosa e contagiante que era irresistível. Ao contar a Brooke sobre o primeiro grande concerto a que assisti, me recordei nitidamente dessa energia.

"Os ingressos de US$1 davam direito a assentos nas arquibancadas mais altas. O show começou. E, quando James tocou 'Please, Please, Please' para encerrar, eu estava na primeira fila! Abalado e emocionado, ele parecia incapaz de viver sem a mulher de quem fala na música. Então membros da sua equipe o cobriram com uma espalhafatosa capa de lantejoulas. Drama ao nível máximo!"

Minha neta me lançou o seu olhar de *continue*.

"Eu achei que o show tinha acabado, mas então *bam*, ele tirou a capa e voltou ao microfone. Todo mundo estava *de joelhos*, implorando com ele — *Pleeeaaassee!* E então uma mulher pulou no palco, agarrou a capa e a jogou para a plateia. Todos avançamos sobre a capa como ratos no queijo. O pequeno pedaço que consegui agarrar era apenas um retalho, mas tinha lantejoulas cor-de-rosa. Eu o levei para casa e dei para sua bisavó, ela adorou."

Nesse momento, o vendedor voltou e entregou a Brooke uma sacola da loja, contendo a gaita de seus sonhos, cuidadosamente protegida em um estojo, com seu livro de instruções. Ele apertou minha mão e nos agradeceu pela presença apesar do mau tempo. Nós nos agasalhamos, em preparação para o frio. Para meu alívio, tínhamos conseguido sair de lá exatamente em quinze minutos. Porém, antes de deixarmos a loja, Brooke perguntou o que me fazia gostar tanto de James Brown, e percebi que era sua independência, sua insubordinação às regras da indústria musical. Ele era dono das matrizes originais de suas canções, era o responsável pela própria divulgação e fundou uma gravadora. Outros artistas, sobretudo artistas negros, eram explorados por suas gravadoras para vender ingressos e discos, sem receber uma boa remuneração. Mas não James Brown.

Quando Brooke me perguntou qual era minha música favorita de James Brown, imediatamente me veio à mente "I Don't Want Nobody to Give Me Nothing" [Não quero que ninguém me dê nada, em tradução livre]. Eu declamei alguns trechos enquanto nos aventurávamos na tundra congelada do norte. "Não quero que ninguém me dê nada. Abra a porta, eu mesmo pego[*]."

---

[*] No original, "I don't want nobody to give me nothing / Open up the door / I'll get it myself". (N. da T.)

A neve e a chuva pareciam ter dado uma trégua. Essa era a notícia boa. Mas a temperatura havia caído ainda mais. Essa era a notícia ruim.

E, quando olhei para o meio-fio, nosso táxi havia sumido. Uma notícia ainda pior.

TRÊS

UMA FERROVIA SUBTERRÂNEA

Brooke e eu nos encaramos rapidamente, depois olhamos para a loja — quase para nos certificar de que não havia sumido — e novamente para o meio-fio onde o motorista e seu táxi haviam desaparecido em uma nuvem de gelo. Aparentemente, mesmo dentro do carro, estar Além da Muralha o assustou e ele decidiu se mandar — com os US$20 extras no bolso.

Tentando não me irritar, coloquei um braço protetor em volta do ombro de minha neta e pensei que pararia outro táxi e em breve estaríamos a caminho de casa.

Guiando-nos rapidamente em direção ao meio-fio, virei minha cabeça de um lado para outro na tentativa de avistar um táxi, fiquei impressionado com a capacidade de Brooke de acompanhar meus passos. Já mencionei que essa garotinha — uma jogadora de basquete com talento inato — passou por um estirão de crescimento e já era considerada alta para a idade? Isso não deveria ser nenhuma surpresa, pois o pai dela tem dois metros de altura e, pelo que pude constatar, *ainda* continuava a crescer. Aos dezoito meses, Chris Jr. era tão grande, falante e precoce que muitas vezes era confundido com um menino de três ou quatro anos.

É assim que me lembro dele criança no início dos anos 1980, quando — em meio a um conjunto de circunstâncias complicadas, mas muito comuns — me tornei um pai solo e entrei para a classe invisível de norte-americanos que chamo de sem-teto de colarinho branco. Eles eram (e são cada vez mais) um número incontável de mulheres e homens que trabalham todos os dias, mas, ainda assim, não conseguem pagar um lugar para morar com suas famílias. Essa condição era nova na década de 1980, em um momento da história em que, segundo historiadores sociais, a definição de quem poderia ser classificado como sem-teto começou a mudar. Eram pessoas que frequentaram a escola, estudaram de forma diligente, seguiram as regras e trabalharam com afinco, mas viram sua vida desabar em um mundo em constante mudança.

No início dos anos 1980, algumas das principais causas da explosão no número de pessoas sem moradia incluíram cortes profundos de financiamento para programas de saúde mental e dependência química, um grande aumento no custo de vida (especialmente do aluguel), escassez de moradias (que incluiu uma súbita falta de quartos seguros para alugar em pensões) e uma recessão que durou cerca de dois anos. Os centros das cidades estavam em declínio já havia algum tempo, e isso avançou para os anos 1980 com a evasão das pessoas em direção aos subúrbios, bem como os novos esforços de renovação urbana que resultaram na gentrificação de certos bairros seguros e confortáveis de classe média — transformando-os em áreas caras e exclusivas. Famílias não brancas, junto com imigrantes e populações de baixa renda, foram empurradas para cada vez mais longe. Acrescente a tudo isso o surgimento da Aids, que faria de São Francisco seu marco zero.

Por muitos anos, as estimativas dos especialistas eram de que até 25% dos adultos sem-teto tinham empregos de meio período ou de período integral. Dentre aqueles na faixa de vinte e poucos anos, a porcentagem de pessoas sem-teto com empregos de meio período ou período integral aumentou para 60%. Uma explicação para esse drástico aumento tem a ver com o número sem precedentes de mães solo e mulheres autossuficientes que não têm casa para elas e seus filhos, mas que trabalham todos os dias por um dinheiro muito menor do que os homens recebem na mesma função.

Durante a maior parte da vertiginosa década de 1980 — movida a alta octanagem e embalada no sucesso de *Guerra nas Estrelas* —, a falta de moradia não era um assunto nas manchetes nem debatido em Washington, D.C. Ainda assim, em áreas de São Francisco — cidade onde visitei meu primeiro pregão e estava tentando ganhar uma posição no ramo de serviços financeiros —, o número de pessoas desamparadas já devia ser alarmante.

Estar exposto às intempéries com minha neta me lembrou daquelas semanas e meses sem um endereço para chamar de meu, em um inverno tão chuvoso que quebrou recordes estabelecidos na região mais de cem anos antes. Não importava o quão bem eu tentasse proteger Chris Jr. — cobrindo seu carrinho com uma tenda improvisada feita de plásticos de lavanderia —, após horas empurrando meu filho e todos os nossos pertences pelas colinas de São Francisco, parecia que eu nunca mais conseguiria me livrar daquele frio úmido.

Sempre que perguntam a meu filho do que ele se lembra daquela época, sua recordação é de olhar para cima através da tenda de plástico: "Tudo o que me lembro é que toda vez que olhava para cima meu pai estava lá."

A lembrança me fez olhar para Brooke, agora parada observando o céu. Debaixo do braço, apertada junto ao corpo, estava a sacola impermeável que continha a gaita dos seus sonhos e o livro de instruções. Com o braço livre levantado, ela ergueu a mão enluvada com a palma para cima, a fim de verificar se estava chovendo ou nevando.

"E aí? Parece que parou", afirmei, desejando que sim.

Cristais de gelo rodopiavam pelo ar. Brooke balançou a cabeça e apontou para as lufadas de neve que recomeçavam a soprar. Ela esticou o pescoço para examinar algumas nuvens sombrias e sinistras.

Ao menos a breve pausa na tempestade foi trégua suficiente para que mais carros circulassem pelas ruas. Mas, depois de alguns minutos com o braço para cima — pronto para dar sinal —, tive que enfrentar a realidade de que não havia um táxi à vista.

Minha constatação seguinte foi que a neve — úmida e grudenta — estava definitivamente caindo de novo. Não havia mais chuva de gelo misturada.

É um tanto inusitado estar em uma cidade como Chicago e andar muito sem ver um táxi. Mas já fazia anos que eu não ia para aquela parte da cidade, se é que já estive ali, e finalmente me dei conta de que de alguma forma eu estava alienado da era moderna do transporte. A Uber claramente havia mudado o mundo.

"Sabe, Ursinha", disse eu, acenando para que ela me seguisse, "parece que os táxis perderam terreno para a Uber e a Lyft. O que acha de pegarmos um desses?".

Ela assentiu aliviada quando apontei para a direção sul.

"Você não tem que enviar uma mensagem de texto para eles ou algo assim?", perguntou Brooke.

"Uôu", respondi em tom de brincadeira, tentando esconder minha perplexidade. Como assim enviar uma mensagem de texto pelo celular? Esse negócio de tecnologia estava muito acima das minhas habilidades.

Agindo como se não fosse grande coisa, incentivei Brooke a se juntar a mim para vencermos a neve. Caminhamos rapidamente pelo quarteirão seguinte, e então a chuva começou, fraca no início, depois de novo salpicada com gelo, que se misturou à neve. Não era uma sensação agradável. E tive certeza de que aquele era o dia mais frio do ano.

No entanto, não queria que nossa expedição bem-sucedida se transformasse em suplício para minha neta. Além de evitar que ela se preocupasse, minha missão era nos levar para casa rápido.

Continuamos caminhando em direção ao sul — porque eu sabia mais ou menos para onde estávamos indo — e me mantive alerta.

Brooke, sem perder nada, me viu olhando por cima do ombro e perguntou por quê.

"Pode aparecer um táxi ou um desses Ubers ou Lyfts", expliquei. Mantendo meu tom otimista, eu a tranquilizei: "Só estou tentando nos tirar daqui."

E quem diria! Assim que usei minha voz otimista, um Uber apareceu do nada e parou ao nosso lado para desembarcar um passageiro — que puxou o casaco para cobrir a cabeça e saiu correndo pela calçada. O motorista do Uber ficou sentado por um momento, verificando algo em seu telefone, imaginei, e agarrei a maçaneta da porta, na esperança de chamar sua atenção.

Quase pude sentir o calor dentro do carro. No entanto, a porta não abria. Nesse momento, o motorista abaixou o vidro da janela do passageiro e se inclinou em nossa direção, dizendo: "Tenho outra corrida. Você sabe que precisa baixar o aplicativo, não é?"

"O quê? Eu não tenho o aplicativo. Você não pode simplesmente nos levar?"

"Desculpa", murmurou depois de fechar o vidro, então acelerou e desapareceu no meio da neve.

Por que eu não tenho o *aplicativo*? Nunca precisei. Nota pessoal: *Tenho que baixar aplicativos. Tenho que me atualizar. Tenho que parar de achar que o pensamento "na minha época" servirá nos tempos atuais.*

Como se isso não bastasse como aviso, no mesmo momento meu celular decidiu morrer. Acabou a bateria.

Nesse ínterim, eu só pensava em continuar caminhando e não perder a esperança de que um motorista bondoso aparecesse. Só Deus sabe quantos anos preguei para mim mesmo e para outros que, em uma situação difícil, a Cavalaria Não Virá, então é preciso tomar uma atitude decisiva. Lembrando-me de meu próprio conselho, decidi que, se tudo desse errado, poderíamos pegar um ônibus. Devia haver uma rota passando em algum lugar nas proximidades.

Para passar o tempo e esquecer um pouco o quanto estava frio, perguntei a Brooke: "Eu já te contei sobre as três decisões mais importantes que já tomei na minha vida?"

"Não, nunca", respondeu ela, animada.

"Bem, acho que você já sabe uma delas."

"Você disse que seu sonho era ser um profissional de primeira linha em alguma coisa! E então você decidiu ser um corretor da bolsa, certo?"

"Ora, agora estou impressionado. Você nem sabia que haveria um teste." Eu a lembrei de que falamos de outro sonho mais cedo. "Alguma ideia?"

Desconcertada, Brooke franziu a testa, esforçando-se para lembrar. Seu ritmo acelerava quanto mais ela pensava. Logo começou a sorrir. "Você queria pegar um ônibus Greyhound e viajar para cidades que nunca tinha visitado."

"Essa foi muito fácil. Sim, acertou de novo, Ursinha. Meu sonho era viajar pelo mundo, por isso decidi entrar para a Marinha."

52 PERMISSÃO PARA SONHAR

Poupei os detalhes, dizendo a ela por que entrar para um ramo das forças armadas era a única opção disponível para que eu pudesse deixar Milwaukee às pressas. Mas me ocorreu, pela primeira vez, como meu sonho de um dia ver o mundo salvou minha vida. Foi minha única garantia para não acabar morto por Freddy ou atrás das grades por assassiná-lo. Por muito tempo, ele agrediu Mama até quase matá-la. Por muito tempo, ele me ameaçou com uma espingarda carregada, apontando-a para o meu rosto e me ridicularizando por ser o filho que nenhum pai queria. Certa vez, na manhã do Natal, Freddy apontou a espingarda para mim quando eu estava tomando banho, obrigando-me a sair de casa, molhado e nu, em meio à neve de Wisconsin.

Certa tarde, desesperado, ao sair do cinema, onde acabara de assistir a Jack Nicholson em *A Última Missão*, decidi dar uma passada no escritório de recrutamento da Marinha. Além do fato de eu ter gostado do uniforme, havia algo naquele personagem marinheiro que me atraiu. Eu ouvira os comerciais de rádio e o slogan de recrutamento muitas vezes, mas naquela tarde, quando vi o pôster na janela, senti que o universo estava falando comigo. ENTRE PARA A MARINHA, CONHEÇA O MUNDO, acenava o cartaz. E foi assim. Meu sonho salvaria minha vida!

Eu me alistei na hora e logo parti — *não* em um ônibus Greyhound, mas em um avião, o primeiro voo da minha vida, a caminho do campo de treinamento da Marinha dos Estados Unidos em Orlando, Flórida — um novo mundo. O fato de meus tios terem servido no Exército foi um incentivo a mais. Quando você acaba de se formar no ensino médio, a ideia do serviço público ou de qualquer tipo de sacrifício pode não ser tão motivadora ou significativa quanto é mais tarde. Na época, porém, a decisão pareceu pessoal devido à influência de uma das pessoas que mais amo no mundo.

"Meu tio Henry, o mais novo, era meu ídolo, foi ele quem me apresentou a Miles Davis. O mais legal de tudo era que me levava para pescar no rio Mississippi e me contava histórias de suas viagens para Coreia, Filipinas e Japão", disse a Brooke. Ele descrevia a comida e as belas mulheres, *vividamente*. Mas, acima de tudo, nunca me esqueci de quando meu tio me mostrou o globo terrestre e o girou, dizendo que não havia problema em fechar os olhos, escolher um local e partir. Foi ele também que me ensinou o ditado "O mundo é sua ostra. Depende de você encontrar sua pérola". E lá estava a Marinha me dizendo que eu poderia fazer isso.

A lembrança daquelas tardes úmidas no barco com o tio Henry, flutuando sob o sol quente à espera de que um peixe fisgasse nosso anzol, pareceu amenizar o frio de Chicago. Nunca em minha vida, antes ou depois, experimentei aquela sensação de paz, sem pressa ou preocupação. Era o cenário perfeito para sonhar o que eu quisesse para o futuro. Uma das maiores emoções da minha vida quando jovem era sentar na frente do barco enquanto cortávamos a marola de outros barcos em velocidade, saltando pelos ares com as mãos para cima, como se eu fosse o comandante de uma enorme esquadra da Marinha.

"Não era perigoso?", perguntou Brooke.

"Era", admiti. "Por isso o tio Henry insistiu que eu tivesse aulas de natação antes de sair no barco com ele. A verdade é que ele não sabia nadar muito bem. Assim como meus outros dois tios. E por isso nenhum deles foi para a Marinha."

54 PERMISSÃO PARA SONHAR

"Ah, você fez isso apenas para ser diferente?"

"Ei, você me conhece muito bem." Eu ri, mas então veio a parte difícil. Brooke perguntou se o tio Henry tinha ficado muito orgulhoso quando me inscrevi na Marinha. "Bem, é uma história triste", falei e tive que fazer uma pausa para reviver o choque da notícia que recebera quando tinha apenas oito anos. Tio Henry, o mais próximo que tive de um pai, morreu em uma tarde terrível no rio Mississippi ao tentar nadar para resgatar o barco, que não havia sido atracado corretamente. A correnteza estava muito forte e o venceu.

Até hoje, amaldiçoo esse rio. Mudou minha vida, roubando Henry Gardner deste mundo muito antes de seu tempo.

Minha neta entendeu como deve ter sido essa perda para uma criança de oito anos. Ela não tentou encontrar as palavras certas; apenas balançou a cabeça e deu um tapinha nas minhas costas. Algumas perdas você nunca supera completamente, embora eu goste de pensar que podemos manter nossos entes queridos vivos em nosso espírito e em nossas ações.

Brooke mudou o clima com uma pergunta: "Vovô, você tomou outra decisão importante quando era jovem?"

"Com certeza", respondi. "Foi a primeira e a mais importante de todas. E sabe do que mais, Brooke? Se não fosse por essa decisão, você poderia nem ter nascido."

Ela pareceu um tanto incrédula.

Era verdade. Depois que Ophelia e eu voltamos a morar com Mama e Freddy, quando eu ainda tinha um pouco mais de cinco anos, decidi que a melhor maneira de não ficar muito triste por não ter um pai era começar a sonhar com o pai que me tornaria quando chegasse a hora de ter meus filhos.

O pai biológico de Ophelia mudou-se para Milwaukee, a cidade de meus tios, e mostrou-se dedicado. Ele costumava nos visitar, levando presentes para ela e às vezes até para mim. Mas meu pai biológico não era nada além de um nome que mamãe mencionou uma ou duas vezes, um homem casado que ela conheceu de passagem antes de deixar a Louisiana para se juntar aos irmãos.

Mesmo sendo muito pequeno, eu tinha algumas opiniões sobre o certo e o errado. Para mim, aos cinco anos, nada poderia estar mais errado do que abandonar um filho. Contei a Brooke que, naquele momento da minha infância, decidi que "quando tivesse meu próprio filho, sempre o apoiaria. Ele saberia muito bem quem eu era e eu seria presente em sua vida".

Ela pensou um pouco e questionou se aquilo era mais um sonho ou uma decisão.

"Como você ficou tão inteligente?" Não pude evitar o sorriso, pois era um sonho E uma decisão. Mais do que uma decisão, era uma promessa. Eu lhe disse que, se algum dia conseguíssemos voltar para casa daquela nossa expedição em meio à nevasca, ela ganharia um prêmio por ser tão astuta. Mas isso só quando chegássemos à Terra Prometida.

* * *

Alguns sonhos mudam. Alguns são perdidos, esquecidos ou abandonados porque temos medo, porque circunstâncias além do nosso controle criam obstáculos ou porque encontramos outro sonho que nos dá um maior senso de propósito. Outros são apenas momentâneos, quase como uma prece que nos ajuda a enfrentar uma fase difícil ou nos permite enviar nossa preocupação e desejar o bem-estar a quem amamos. Alguns sonhos evoluem, outros são substituídos. E alguns são tão poderosos que se recusam a nos deixar. São eles que moldam nossas decisões e podem até se tornar promessas que definem não apenas nossas vidas, mas também a de nossos filhos e netos.

O sonho americano nasceu das esperanças fervorosas dos ancestrais de que seus descendentes pudessem crescer e prosperar em uma terra livre e justa. Assim como acalentamos sonhos para nossos filhos, meus ancestrais e os seus sonharam com um futuro que muitos jamais poderiam realizar plenamente em suas vidas.

Sempre que penso em muitos de nossos ancestrais, lembro-me de que nós, o povo norte-americano, somos a maior e mais populosa nação migrante do mundo. Quase todas as pessoas que chegaram ao país o fizeram de uma destas três maneiras: Mudança, Acaso ou Correntes. Muitas chegaram em busca de *Mudança*, movidas pela falta de autonomia religiosa ou para escapar à tirania de um monarca. Muitas foram levadas pelo *Acaso*, talvez um marinheiro em um navio que não tinha a intenção de desembarcar no país ou alguém que pretendia reivindicar a posse de um local, mas acabou em outro, após cruzar montanhas, desertos e oceanos. E muitas, como meus antepassados, foram transportadas da África para os Estados Unidos em *Correntes*. Não por escolha.

Além dos ancestrais nativos norte-americanos, que ocupavam as terras muito antes de qualquer outra pessoa, foi assim que *todos* chegaram aos Estados Unidos. Mudança, Acaso ou Correntes. *Ponto-final.*

Para quem chegou acorrentado, a fim de ser vendido em leilão, separado da família e de toda convivência, imagino que a única maneira de evitar que a alma sucumbisse seria sonhar. Segundo li, em quatrocentos anos de escravidão, os sonhos mais acalentados não eram necessariamente os de voltar para casa. Muitos nasceram a caminho dos Estados Unidos ou depois que os pais já tinham sido escravizados. Seu sonho, em vez disso, deve ter sido um lar que ainda construiriam em um lugar onde seriam livres.

Como diabos eles poderiam transformar esse sonho em realidade?

Se conseguissem se libertar, teriam que viajar a pé e aprender a seguir um mapa nas estrelas. As instruções eram transmitidas por meio de canções *spiritual* codificadas, e sua motivação vinha de imagens tiradas do Velho Testamento e da história de libertação dos escravizados israelitas no Egito, viajando a pé para a Terra Prometida. A Bíblia a descreve como a Terra do Leite e do Mel — o que também acabou sendo apenas um sonho. Sem leite, sem mel. Só mais *deserto*. Agora eles tinham um trabalho real a fazer para finalmente criar um Jardim do Éden no deserto. Mas de que outra forma conseguiriam seguir adiante sem sonhar com o quanto tudo seria melhor quando o fizessem?

Para qualquer escravizado fugitivo, somente um sonho de algo melhor poderia ajudar a superar o medo do castigo caso fosse encontrado, capturado e devolvido. E a estrada para a liberdade era traiçoeira e indefinida. Talvez ao estudar a história dos Estados Unidos você tenha aprendido sobre a aprovação da Lei do Escravo Fugitivo de 1850. Naquela época, o Congresso norte-americano aprovou uma série de projetos de lei para acalmar a ira dos polí-

58 PERMISSÃO PARA SONHAR

ticos do Sul, que estavam irritados com os esforços para abolir a escravidão e passaram a ameaçar uma secessão. Um dos projetos era essa lei que obrigava todos os cidadãos — inclusive nos estados livres — a capturarem escravos fugitivos. Qualquer pessoa que ajudasse fugitivos seria multada em US$1 mil (equivalente a US$30 mil em 2021) e enviada para a prisão por seis meses.

A Lei do Escravo Fugitivo permaneceria em vigor até o início da Guerra Civil e não seria oficial e finalmente revogada até 1864, quase dois anos após a Proclamação de Emancipação pelo presidente Lincoln, que aboliu a escravidão nos estados que haviam se separado da União. A revogação da Lei do Escravo Fugitivo ocorreu cerca de um ano antes da data que é conhecida e celebrada nos Estados Unidos como Juneteenth — 19 de junho de 1865 —, quando 1.800 soldados de tropas federais chegaram a Galveston, Texas, para FAZER CUMPRIR a ordem de emancipação, ENCERRANDO de uma vez por todas a escravidão nos Estados Unidos, dois anos e meio após a proclamação de Lincoln.

Imagine a coragem que os escravizados que sonhavam em escapar, desafiando a Lei do Escravo Fugitivo, precisavam ter para agir. A decisão de partir sozinho — com as próprias pernas, a cavalo ou da forma que conseguisse viajar à noite para não ser visto — tinha que ser movida por sonhos. E também fomentada pelo conhecimento de que outros o fizeram e sobreviveram, seguindo rotas secretas, conhecidas coletivamente como a Ferrovia Subterrânea. Ao longo dessas rotas foram estabelecidas estações intermediárias — casas; fazendas; celeiros; lugares onde um rosto amigável oferecia água e comida; áreas arborizadas com suprimentos escondidos; e até uma pousada ocasional onde eles podiam desfrutar de um abrigo temporário e um local de refúgio.

Ao longo de minha dissertação sobre história, a neve em Chicago continuou a cair, assim como a temperatura. No entanto, cada vez que eu olhava para Brooke a fim de averiguar se estava bem, detectava um brilho de compreensão em seus olhos. Sempre que eu parava, ela me lançava um olhar firme com aquela mesma expressão que sinalizava *continue*.

Ainda assim, só para ter certeza, indaguei: "Alguma pergunta?"

Na verdade, minha neta admitiu que tinha uma pergunta. "Você está dizendo que nossos ancestrais não tinham medo por causa de seus sonhos?"

"Não. Você ainda terá medo diante do perigo. Coragem é continuar apesar do medo. Os sonhos os impulsionavam a seguir em frente nos momentos em que eles devem ter sentido que não conseguiriam dar nem mais um passo."

Então, Brooke e eu conversamos sobre como nossos ancestrais poderiam muito bem ter sonhado com um futuro em que Barack Obama se tornaria presidente dos Estados Unidos. E acrescentei que também poderiam ter sonhado com uma mulher na presidência — assim como ela.

Minha neta sorriu e acenou com a cabeça, como se dissesse: *Sim, eu já sabia disso.*

* * *

Assim como nossa expedição para comprar a gaita de Brooke teve algumas guinadas inesperadas, lembrei-me de como meu sonho de ingressar na Marinha e ver o mundo levou a uma reviravolta na história desde o início. Apesar de minha visão grandiosa de navegar para todos os lugares descritos por meus tios e outros locais exóticos, o mais longe que meu tempo na Marinha me levou foi à Carolina do Norte — onde fiquei estacionado durante o período do meu serviço militar. Esse foi o primeiro choque.

A surpresa seguinte foi que, graças a um emprego anterior, como auxiliar de enfermagem em uma casa de repouso em Milwaukee, descobri que tinha aptidão para a medicina. Durante meu alistamento, uma das minhas especialidades mais requisitadas como profissional do corpo de saúde das forças armadas eram os procedimentos de proctologia.

Você não leu errado. *Proctologia* — o ramo da medicina relacionado ao ânus e ao reto. Não sei que tipo de pessoa sonha com um futuro assim. Não eu. Essa *não* era minha fantasia. Acredite em mim. No entanto, minha reputação só aumentava. Alguns dos procedimentos eram básicos: furúnculos, tratamento de hemorroidas e assim por diante. Outros, mais complicados. Mas vamos parar por aqui.

Almirantes, capitães, comandantes e tenentes, todos do alto escalão, só confiavam em mim para fazer esse tipo de procedimento neles. A frase que usei mais tarde (mas optei por não repetir para Brooke, por enquanto) foi que eu estava praticando minhas habilidades para Wall Street, tornando-me um especialista em lidar com bundões. Como eu disse, a proctologia nunca esteve no radar dos meus sonhos.

Talvez um de meus ancestrais tenha sonhado em ser médico e transmitiu esse desejo em seu DNA. Foi meu interesse, comprometimento com os detalhes, procedimentos E "mãos hábeis" que chamaram a atenção de um jovem cirurgião cardiovascular da Marinha dos Estados Unidos, que se tornou um mentor e me deu a oportunidade de trabalhar para ele no hospital do Departamento dos Assuntos de Veteranos em Fort Miley, São Francisco. (Grave bem a parte das mãos, porque resultou em uma lição que aparecerá sob o título de "habilidades transferíveis".)

Uma sensação de euforia marcou minha chegada à Região da Baía de São Francisco. Enfim meus sonhos de expandir meus horizontes — literalmente — estavam se tornando realidade. Nada se compara ao primeiro vislumbre da Ponte Golden Gate, visível do topo de certas colinas de São Francisco. Nada do que já foi cantado ou dito sobre a cidade foi inventado. Naqueles primeiros dias de aclimatação, eu costumava imaginar as reações de meus ancestrais que migraram para o Oeste, como alguns dos primeiros membros do Pony Express* que por acaso eram negros. A maioria escolheu esse temido trabalho pela oportunidade de ganhar algum dinheiro, provavelmente sem nenhuma intenção de se realocar. Mas suponho que, quando chegaram — no extremo Oeste do país — e tiveram a primeira visão do oceano Pacífico e de quilômetros e quilômetros de terras férteis não cultivadas, além de todo o potencial de negócios para transporte marítimo e ferroviário, seus planos para retornar para onde quer que tenham começado sua jornada podem muito bem ter mudado. E novos sonhos nasceram.

Lá estava eu, iniciando o meu sonho de ir para a faculdade de medicina e me juntar ao meu mentor como cirurgião cardiovascular. A vida era grandiosa. Essa era minha ostra e eu estava lá para encontrar minhas pérolas. Inesperadamente, após alguns

---

* O Pony Express foi um serviço de correio expresso fundado em 1860, que levava correspondências a cavalo cruzando territórios selvagens dos Estados Unidos. A rota ligava as cidades de St. Joseph, no Missouri, e Sacramento, na Califórnia. (N. da T.)

anos, meu novo sonho deu uma reviravolta surpreendente quando minha namorada, que cursava odontologia, engravidou.

A essa altura da minha vida, eu já havia sido casado uma vez, por um breve período, e não tinha pressa em voltar ao altar. Mas havia chegado a hora de cumprir a promessa que fiz a mim mesmo quando era menino. Como estudante de medicina por Deus sabe quantos anos mais, não havia a menor possibilidade de sustentar uma esposa e um filho em São Francisco, uma das cidades mais caras do mundo. E a área médica estava mudando, não necessariamente para melhor. Tentar vencer nessa área sem um filho já era difícil o suficiente. Por um tempo, continuei trabalhando no hospital e acrescentei novas fontes de renda, pintando casas, fazendo demolições e reformas e aparando grama.

Quando nasceu, Christopher imediatamente provou ser o ser humano mais incrível do planeta, minha alma gêmea. Ele foi o melhor sonho que já realizei e o filho a quem prometera estar presente por toda a minha vida — não importava o que acontecesse. Ele renovou minha permissão para sonhar, como se me desafiasse a sair da zona de conforto e sonhar mais alto.

Assim, logo depois de me tornar pai, desisti de minha roupa cirúrgica e a troquei por camisa e gravata, mesclando meu interesse por medicina com um emprego como representante de equipamentos e suprimentos médicos. O melhor vendedor do meu grupo era muito bem-sucedido, com uma renda anual de US$80 mil. Nada mal. Meu objetivo era ser tão bom quanto ele, se não melhor.

Então surgiu a Ferrari vermelha. O motorista, a quem serei eternamente grato, não apenas me levou a um pregão pela primeira vez, como também respondeu em detalhes às minhas perguntas *O que você faz?* e *Como você faz isso?*. Além de ser franco o suficiente para dizer que ganhava cerca de US$80 mil por mês. Não tinha o que pensar. Por que eu perderia a oportunidade de fazer algo que cativou minha imaginação e me renderia doze vezes mais do que esperava ganhar vendendo equipamento médico?

Chris Jr., a essa altura, tinha cerca de quatro meses. A mãe dele e eu já estávamos tendo problemas, mas, quando anunciei meu plano de tentar um emprego em Wall Street — primeiro conseguindo uma vaga em um dos programas de estágio disponíveis em algumas corretoras —, ela pirou. A tensão entre nós cresceu por meses. Os estágios eram poucos e esporádicos. Eles não *batiam* a porta na minha cara, mas ninguém se interessava por um veterano da Marinha sem ao menos um diploma de bacharel.

Seria racismo também? Minha resposta é que era mais um lugarismo — eu não vinha de um lugar que me conectasse a dinheiro. É verdade, não venho de uma família rica ou de políticos. E, de fato, não havia cursado uma faculdade. O problema era: "Quem vai fazer negócios com você?" O lugarismo, como expliquei à minha neta, pode afetar qualquer pessoa.

No entanto, não me preocupei. Esse era o meu sonho e, no momento em que senti aquela energia, soube que o ramo de serviços financeiros era onde eu deveria estar. Eu só precisava conseguir um estágio para começar minha jornada. Brooke estava curiosa para saber por que me mantive firme, sem desistir — especialmente diante de tantos desafios, rejeições e do lugarismo.

Um dos motivos foram as palavras de minha mãe: "Filho, você pode ser ou fazer o que quiser."

64 PERMISSÃO PARA SONHAR

Brooke não conseguiu se conter. "Você acreditou nela!"

Essas palavras eram o evangelho. "Você pode ser ou fazer o que quiser", repeti. Elas se tornaram meu mantra por toda a vida.

Outra frase que aprendi a dizer a mim mesmo foi "Ninguém pode impedi-lo, exceto você". Não importava quantas portas batessem ou fechassem suavemente na minha cara, eu não desistiria. Ninguém poderia me impedir, exceto eu mesmo.

Então, de repente, aconteceram alguns eventos transformadores. Primeiro, recebi uma oferta de uma corretora para iniciar em seu programa de estágio dentro de duas semanas. *Sim!* Foi com grande prazer que comuniquei minha demissão no trabalho de vendas e decidi começar a estudar com antecedência. Erro crasso. No dia em que deveria iniciar o programa, cheguei cedo e descobri que o cara que havia me contratado havia sido demitido. *Não!*

Esses acontecimentos foram um curso intensivo de que não se deve fazer uma aposta que não se pode bancar. Pior, vou lhe dizer que o desemprego pode atrapalhar muito sua vida amorosa. Naturalmente, retomei os trabalhos de pintura e jardinagem e tudo o que pudesse fazer para ganhar dinheiro. Mas para minha futura ex-namorada, a mãe do meu filho, era tarde demais. Meus sonhos nunca valeriam nada, na opinião dela. Quando insisti que não estava desistindo, ela não se comoveu. Em um impasse, discutimos acaloradamente, e ela chamou a polícia — que acabou descobrindo que eu tinha um grande acúmulo de multas de estacionamento não pagas. Mais de mil dólares. Dinheiro que eu não tinha.

Primeiro a polícia me levou para a cadeia no centro de Berkeley para ser detido. Já que tudo isso aconteceu em uma sexta-feira, adivinhe só? Não havia expediente judiciário até segunda de manhã. Quando finalmente compareci em juízo, fui informado de que a regra na Califórnia era clara: se não tem como pagar, preso tem que ficar.

Antes que eu pudesse fazer qualquer pergunta ou pedir ajuda jurídica, fui despachado para a Casa de Detenção do Condado de Santa Rita por dez dias. Essa foi a minha sentença.

Estamos falando de *multas de estacionamento*. Não era uma casa de detenção. Era de fato uma *penitenciária*. Um dos maiores presídios dos Estados Unidos. E não era *qualquer* penitenciária. Fiquei preso ao mesmo tempo e no mesmo lugar que o prisioneiro mais famoso da Califórnia — um homem que havia matado 23 pessoas com um *machado*! Por DEZ DIAS! (Permita-me um aparte para lhe dar um conselho gratuito. Se você tem uma dívida capaz de lhe mandar para a prisão, como a pensão alimentícia, largue este livro agora e vá pagá-la.)

A parte mais difícil dessa provação — que, a propósito, incluiu uma estada na solitária por discutir com um guarda — é que foi a primeira vez que fiquei longe de meu filho, mesmo por um dia. Nos quinze meses anteriores, Chris e eu éramos a primeira e a última visão um do outro. Conforme os dias passavam, brutais e lentos, tudo que eu podia pensar era: *Será que Chris Jr. sabe que eu não o abandonei, como meu pai fez comigo?*

Essa pergunta me consumiu pelos dez dias, e eu não tinha como telefonar para verificar. Para complicar tudo, no mesmo dia em que fui transferido de volta à prisão de Berkeley para aguardar minha audiência com o juiz, eu tinha uma entrevista de emprego.

"Você não vai acreditar", contei a Brooke, "mas era minha última oportunidade, a última empresa da minha lista. Todas as minhas indicações tinham acabado. Era a última chance de eu entrar em um programa de estágio". Na cela, pedi para ligar para o Sr. Costello, que conduziria a minha entrevista. O guarda que me deixou fazer a ligação não tinha ideia de quanto ele ajudaria a mudar o curso da minha história. O Sr. Costello concordou em adiar nossa reunião para a primeira hora da manhã seguinte.

Finalmente, após a audiência com o juiz, que limpou minha ficha pelo cumprimento da pena — cancelando a dívida de US$1.200 em multas, taxas e penalidades —, corri para o lugar que costumávamos chamar de lar, com um nó de pavor na boca do estômago.

De alguma forma, eu SABIA. O medo pulsava pelas minhas veias.

Você já soube de algo instintivamente, sem ninguém precisar lhe dizer? Uma rápida olhada pela janela de nossa casa confirmou meus temores. Sumiram. Minha ex e meu filho. Desapareceram sem deixar vestígios. O carro não estava mais lá. O lugar estava deserto. Cada móvel, utensílio de cozinha, peça de roupa — aquela mulher tinha levado TUDO!

Imagine se o único sonho, a única decisão, a promessa mais importante que você está determinado a cumprir, de repente for despedaçado na sua frente. Eu tinha certeza de que minha ex tentaria me magoar e manter Chris longe de mim para sempre. Esse foi o meu nível de pânico e desespero. Tudo o que importava havia sido virado de cabeça para baixo e do avesso.

Esses momentos eram muito cruéis para compartilhar com Brooke, embora eu tenha lhe dado um panorama geral. Pelo menos, assim ela entenderia o quanto meu sonho mais premente e intenso de reencontrar Chris Jr. foi capaz de me salvar.

As quinze horas que se seguiram à minha chegada em casa são apenas um borrão em minha memória, mas me lembro de ter dormido algumas horas na casa de um amigo — onde lavei as roupas que estava usando quando o policial me prendeu.

Às 6h15 da manhã seguinte, fui para a entrevista com o Sr. Costello.

Ao ouvir isso, Brooke se preparou para a decepção. Foi assim que me senti quando o homem que me recebeu na empresa me olhou de relance e anunciou: "Entregas pela porta dos fundos."

Pegando o proverbial touro pelos chifres, sem nem pestanejar, respondi: "Sr. Costello, hoje é provavelmente o dia mais importante da minha carreira profissional e devo admitir que estou mal vestido para a ocasião."

"Bem", respondeu ele, "você tem razão. O que aconteceu?". E, com esse preâmbulo, nós dois nos sentamos na sala de espera do escritório enquanto eu tentava encontrar uma resposta.

Juro pela minha vida, eu não conseguia pensar em uma mentira bizarra o suficiente, então disse a verdade. Foi a melhor coisa que eu poderia ter feito.

Brooke semicerrou os olhos, como se dissesse: *Como isso é possível?*

Mesmo depois de todos esses anos, enquanto eu contava a história, ainda podia ver o Sr. Costello sentado diante de mim, ouvindo com uma expressão impassível até finalmente dizer que sabia bem como era.

"Como?", Brooke perguntou.

"Acontece que esse cara que me entrevistou foi casado e divorciado TRÊS vezes!" Quanto mais eu pensava nisso, menos detalhes eu decidia compartilhar com minha neta. Mas, nooossa, ele me contou cada HISTÓRIA!

Depois de vinte minutos, ele me olhou nos olhos e disse: "Esteja aqui na segunda-feira e acompanharei você pessoalmente até a sala de negociações."

Nunca sabemos o poder que a verdade tem para mudar uma conversa.

Isso era mais do que meu sonho. Era uma porta aberta para a oportunidade, um primeiro passo em uma longa escalada — mas, mesmo assim, um passo. Na minha imaginação, eu podia visualizar um ancestral, em algum lugar, bem longínquo na minha história, que sonhava com um futuro na área das finanças, sem nunca conseguir abrir a porta certa. Mas agora eu tinha conseguido.

Nos meses seguintes, minha ex ligava ocasionalmente para me deixar ouvir Chris Jr. ao fundo. Foi uma punição cruel e desumana. Alguns dias achei que não fosse aguentar, mas tive que me manter forte para lutar e recuperar meu filho. Pergunte a qualquer pai que foi separado de seu filho e você ouvirá como é a angústia e a tortura de se sentir impotente para mudar tal situação. Tudo o que se tem é o sonho de voltar ao seu convívio.

Para me manter firme, mergulhei de cabeça no meu programa de estágio e nos estudos para o exame de licenciamento, como uma questão de vida ou morte. Na posição mais baixa da hierarquia dos estagiários, recebi listas de telefones para entrar em contato, uma tarefa provavelmente inventada para desencorajar o mais motivado dos estagiários. Outros caras que, como eu, ainda tinham que passar no exame de licenciamento, pelo menos, ficavam encarregados de leads qualificados e de negócios já fechados que só precisavam da papelada. Decidi compensar as oportunidades que me faltavam trabalhando mais e com mais eficiência do que qualquer outra pessoa. Minhas mãos *muito* hábeis se tornaram máquinas de cold calling.[*]

Eu conseguia discar qualquer número de telefone com um dedo e deixar o outro pronto para desligar sem ter que colocar o fone no gancho. Em vez de ouvir a rejeição, assim que detectava que a pessoa não tinha interesse, agradecia e partia para a próxima ligação. Era uma dança. Em pouco tempo, meus dois dedos indicadores ficaram permanentemente arqueados. Além disso, comecei a vender. Minha nossa. De repente, mais corretores seniores queriam que eu fizesse parte de suas equipes. Antes, eles olhavam para mim — um cara negro sem diploma universitário (ao contrário do outro afro-americano do escritório, que havia estudado em Stanford) — e não se interessavam. Agora isso tinha mudado.

Educadamente disse a eles que, por enquanto, continuaria sozinho. No curto prazo, isso foi estúpido; mas com o tempo, minha escolha de não atrelar minha carroça à de outra pessoa foi acertada. Todos os corretores mais novos me avisaram que eu teria que fazer o teste algumas vezes. Embora eu não tenha dito nada, na minha cabeça a mera possibilidade era inaceitável. Não havia espaço para falhas. Eu tinha de passar na primeira tentativa. E

---

* Cold calling é uma técnica de prospecção de clientes feita por telefone. Na tradução do inglês, o termo significa ligação fria, pois, normalmente, a ligação é o primeiro contato entre o cliente e a oferta. (N. da T.)

consegui, avançando para o programa de treinamento de um ano na empresa com o generoso salário mensal de mil dólares. Um pouco mais da metade do que eu estava ganhando com a venda de equipamentos médicos. Era o suficiente para sobreviver se mantivesse o aluguel baixo — US$600 por mês na pensão em Oakland onde eu estava hospedado. A dedicação aos estudos foi, na verdade, uma dádiva de Deus, mantendo minha mente longe da dor de estar separado do meu filho.

Após um período que parecia uma eternidade, certa noite, por volta da uma da manhã, ouvi uma batida na porta do meu quarto na pensão. Quando abri, minha ex e Christopher estavam bem na minha frente.

Minha ex falou muito pouco, além de basicamente me dizer: "Toma, não posso mais fazer isso" e foi embora, deixando meu filho comigo.

Tomado por um alívio avassalador, eu o abracei com força, só então percebendo o problema. A pensão não permitia crianças. Nenhum dos lugares que eu poderia pagar — onde há apenas um quarto, um fogão elétrico e talvez um banheiro compartilhado — aceitava crianças, especialmente tão pequenas.

Então, de uma hora para outra, Chris Jr. e eu nos tornamos sem-teto.

* * *

Brooke já ouvira trechos de algumas dessas histórias de quando o pai era pequeno, mas, enquanto caminhávamos e nos distraíamos para espantar o frio, ela quis saber cada detalhe.

"O inverno foi difícil", confessei. "Não era frio assim, mas houve algumas tempestades fortes, e eu estava empurrando seu pai — um bebê em crescimento e faminto — em um carrinho pelas ruas íngremes de São Francisco. Tudo o que tínhamos estava no carrinho ou nas minhas costas — uma sacola grande da Pampers, uma maleta, roupas e produtos de higiene pessoal em algumas capas de roupas que eu pendurava no ombro."

"Mas onde você dormia?", ela perguntou, querendo que eu contasse tudo de uma vez.

"Bem, às vezes dormíamos no BART, o sistema de trem. Eu pegava Chris Jr. na creche e embarcávamos no trem até o fim da linha. Viajávamos no último vagão onde ninguém pudesse nos ver. Enquanto ele dormia, eu estudava livros de investimentos e altas finanças e lia as últimas revistas econômicas sobre as tendências do mercado. Às vezes eu arranjava um motel para nós. Se tivéssemos sorte, ficaríamos no hotel da Glide Memorial Church. Foi o primeiro hotel do país para pessoas que não tinham onde morar. Era preciso entrar na fila cedo para garantir um quarto e, no dia seguinte, partir de manhãzinha com todos os seus pertences. Mas era limpo e seguro, e tinha chuveiros."

Brooke comentou que a Glide Memorial Church deveria ser como uma Ferrovia Subterrânea.

"Ah, você não sabe da missa a metade. Eles tinham uma cozinha comunitária. Com todos os meus pratos de soul food favoritos. Seu pai comeu tanto daquela comida que eu acho que foi por isso que ficou tão grande."

Brooke fez a associação. Recebemos abrigo na Glide e no BART como se fossem estações ao longo de nossa própria Ferrovia

Subterrânea. Recebemos um refúgio da tempestade e usamos nosso poder de sonhar para não desanimarmos. Quando estava prestes a acrescentar que também dormíamos em ônibus, finalmente ouvi o barulho de um motor e avistei um ônibus coberto de neve se aproximando. Estávamos a meio quarteirão do ponto de ônibus.

Para garantir que o motorista nos visse, pulei para o meio da rua e comecei a acenar como um louco. O ônibus parou, felizmente, e a porta se abriu.

Aliviado e grato, segui Brooke escada acima e entrei no calor reconfortante do ônibus. O motorista não parecia ter idade suficiente para dirigir um carro, muito menos um ônibus, mas ele estava no comando. Quando saquei uma nota de US$20, ele balançou a cabeça e disse que não aceitavam dinheiro para as passagens. Precisávamos de um passe ou de um cartão pré-pago.

Desnecessário mencionar que eu não tinha nenhum dos dois.

Brooke me lançou um olhar que dizia tudo: *Vovô parece um peixe fora d'água*. Ela se inclinou e sussurrou: "Você não anda de ônibus, né?"

"Já faz muito tempo", admiti.

Boletim de notícias: hoje tudo é automatizado. Você obtém um passe eletrônico em um quiosque ou estação de metrô para o ônibus e o trem. Eu me lembro dos bons e velhos tempos em que comprávamos a passagem direto no ônibus e, se necessário, eles lhes davam uma passagem para seguir em outra linha. Se você estivesse no sentido norte-sul, tinha direito a uma passagem para a linha leste-oeste.

Em São Francisco e depois na cidade de Nova York, já fui o rei do transporte público. Claramente, perdi o posto.

O jovem motorista do ônibus deve ter ficado com pena de mim. Ele fez sinal para entrarmos, dizendo: "Sentem-se."

Brooke encontrou uma fileira longe dos outros passageiros e deslizou para perto da janela. Contei a ela que, em São Francisco, os ônibus eram nossa principal Ferrovia Subterrânea. Chris Jr. e eu morávamos no ônibus, onde dormíamos, comíamos e trocávamos as fraldas dele.

"Isso não me tornava muito popular entre os outros passageiros. À noite, quando os trens e os ônibus deixavam de circular, às vezes dormíamos no banheiro da estação do BART em Oakland. Inventei um jogo para que Chris não fizesse muito barulho. Fingíamos ser invisíveis. Se alguém batesse na porta e gritasse, não poderíamos dizer uma palavra. O nome do jogo era Shhh."

Brooke e eu levamos os dedos à boca, ambos dizendo "Shhhhh" ao mesmo tempo. "Ele era bonzinho? Ele se agitava muito?", perguntou minha neta, preocupada.

"Não, ele era perfeito. Ele sabia que iríamos para a Terra Prometida e esse era o nosso sonho. Ficava bem quietinho e adormecia em meus braços."

Brooke e eu também ficamos quietos e observamos a paisagem através das janelas. Dei um longo suspiro.

"Não vou me esquecer do que me disse", ponderou minha neta. "Você pode *ser* ou *fazer o que quiser.*"

"É a pura verdade." Dei de ombros.

Então, como uma nota para si mesma, ela acrescentou calmamente: "E ninguém pode impedi-lo, exceto você."

QUATRO

O PODER DO UM

Brooke e eu ficamos em silêncio por alguns minutos, observando a paisagem urbana congelada passar em câmera lenta, quase como um filme antigo em preto e branco. Ainda estávamos Além da Muralha, em uma parte mais turbulenta e desolada da cidade, mas os montes de neve intocados — pilhas imaculadas de gelo por toda parte — faziam tudo parecer sereno, quase belo. Felizmente, a saída de aquecimento do ônibus logo acima de nossas cabeças lançava um fluxo contínuo de ar quente que, se comparado com o clima do lado de fora, nos dava a sensação de estar nos trópicos.

Só percebi que estávamos andando a passo de lesma quando avistamos um casal de adolescentes passando rapidamente pelo ônibus. Talvez eu tenha murmurado algo sobre o jovem motorista que aparentava nunca ter dirigido um ônibus em meio a uma nevasca — o mais provável era ter sido apenas meu eloquente monólogo interno. De qualquer forma, Brooke percebeu minha agitação e decidiu me distrair com mais perguntas.

"Vovô, por que algumas pessoas desistem de seus sonhos?"

"Sabe, há uma série de razões para isso. Mas, se você quer saber o motivo principal, acho que é porque elas nunca aprenderam sobre o Poder do Um."

Brooke olhou ao redor do ônibus para os cinco ou seis outros passageiros em nossa morosa nau com destino ao centro de Chicago, se inclinou e sussurrou: "O que é o Poder do Um?"

Fiz uma pausa, refletindo por onde começar. Naquele momento, olhei pela janela novamente e avistei algo que me parecia um bom ponto de partida.

"Sabe o que é aquilo?", perguntei a ela, apontando para um solitário carrinho de supermercado, longe de seu lugar apropriado e agora abandonado na calçada para enfrentar a nevasca.

"Aquilo ali?" Brooke me olhou de canto de olho. Essa era uma pergunta capciosa. "É um, como é o nome, um carrinho de compras. Certo?"

Confirmei que ela estava certa. "Mas, para qualquer pessoa que já precisou viver nas ruas, pode ser um carro ou até uma casa móvel."

Brooke, ainda em dúvida, esperou por minha explicação.

* * *

Quem já ouviu minhas palestras pode atestar que esclareço alguns pontos-chave. De muitas maneiras diferentes, aprendi: *Não importa o quão ambicioso seja o seu sonho, nunca deixe ninguém lhe dizer que você não pode realizá-lo. Se quer algo, vá atrás. Ponto-final.* Isso se aplica não apenas a algo que você deseja que aconteça para si mesmo, mas também para resolver velhos problemas ou melhorar a vida em sua comunidade e no mundo.

No entanto, precisei descobrir por conta própria — por meio de muita dor e transpiração — que tentar transformar um sonho em realidade significava ter que descobrir o caminho. Não haveria ninguém para me orientar sobre o melhor caminho a seguir. Era por minha conta. Se eu caísse ou pegasse a trilha errada, não haveria ninguém esperando para me ajudar. Talvez minha presunção inicial de que não deveria ser assim veio de assistir a antigos filmes na TV com minha mãe, que amava a obstinação de Bette Davis e dos machões dos clássicos filmes de faroeste. Às vezes pode até parecer que sim, mas a vida não é um filme. Por mais árdua que fosse a jornada, mesmo quando eu acabava em uma circunstância terrível pela qual eu não era o responsável, tive que aprender que não havia bandidos para culpar nem mocinhos vindo ao meu resgate. São poucas as vezes em que você poderá olhar para o horizonte e ouvir o som de cavalos em disparada vindo em sua direção. A verdade é: *A Cavalaria Não Virá!*

Não só a cavalaria *não* virá, como aquela nuvem de poeira, aquele estrondo que faz o chão tremer, o bater de cascos que você ouve à distância PODEM ser os bandidos! O que significa: as coisas podem estar prestes a PIORAR!

Para mim, sempre é difícil explicar essa questão, pois acredito que anjos em forma humana aparecerão em nossos piores momentos para nos encorajar. Mas não podemos atribuir a responsabilidade por nossos sonhos a ninguém além de nós mesmos. Não importa o quanto estejamos sedentos, rastejando sozinhos pelo deserto em direção aos nossos objetivos, sem água à vista e com um alvo nas costas à mercê do inimigo, não temos permissão para sucumbir, nos enrolar em posição fetal e chorar à espera de ajuda. Não podemos nos permitir entrar no poço do desespero ou do medo, porque ele é uma areia movediça.

Temos que nos tornar nossa própria cavalaria. Cada um de nós, individualmente, deve perguntar a si mesmo: *O que posso fazer? Como posso, sozinho, transformar meu sonho em realidade? Como posso enxergar um erro e tentar corrigi-lo? Como posso superar esse problema com meu sonho?*

Essa é uma explicação simplificada do Poder do Um.

Após aceitar a responsabilidade de sonhar um caminho melhor para si mesmo, a menor das ações que realizar pode ter consequências enormes. Há outra frase que uso — provavelmente traduzida para mais de quarenta idiomas, incluindo o árabe — e nos recorda do poder a que me refiro: *Passos de bebê também contam.*

Quer você tenha ouvido essa frase de mim ou de outra pessoa, o significado em todo o mundo é que, em busca do Sonho Universal (o produto de exportação norte-americano), a transformação pessoal ou coletiva pode não ocorrer da noite para o dia ou em algumas semanas ou meses. No entanto, no minuto que ela nasce, ainda como um sonho, sua jornada já teve início. Sua mente e sua vida mudaram. E, contanto que você continue avançando, esses passos de bebê se transformarão em largas passadas e, depois, em saltos, impulsos e, finalmente, asas.

Pergunte aos irmãos Wright. Pergunte a Elon Musk. Quantas vezes eles foram ridicularizados e aconselhados a desistir? Quantas vezes tiveram que voltar à estaca zero?

Pergunte a Rosa Parks. Seu primeiro pequeno passo para ajudar a impulsionar o Movimento dos Direitos Civis e enfrentar o monstro da segregação e da supremacia branca foi não dar passo algum — a escolha de NÃO ceder quando lhe mandaram se dirigir à parte de trás do ônibus. Ela estava cansada! Então se sentou e se recusou a sair. Ela foi a cavalaria e um catalisador. Esse é o Poder do Um, que desencadeou o ímpeto de muitos.

No mesmo ano que eu e minha neta nos aventuramos em nossa expedição Além da Muralha no desolador frio de Chicago, uma adolescente sueca de quinze anos chamada Greta Thunberg deu seus primeiros passos para se tornar uma das vozes mais importantes do mundo em matéria de mudança climática. Ela não queria ser considerada heroína ou se fazer ouvida por suas palavras duras, mas, sim, soar os alarmes sobre cenários apocalípticos se tornando reais, cenários corroborados pela ciência. Sua primeira ação pública foi persuadir o Parlamento sueco a aprovar leis para que o país rapidamente se tornasse neutro em carbono.

Mais tarde, quando foi alvo da condescendência de líderes mundiais que insistiam que estavam dando passos esperançosos, Greta disse a famosa frase: "Não quero sua esperança... Quero seu pânico. Quero que vocês sintam o medo que eu sinto todos os dias e, depois, que vocês ajam... Quero que ajam como se sua casa estivesse em chamas. Porque ela está."

Greta consolidou um movimento global de jovens ativistas que estão herdando um planeta que pode não permanecer habitável por muitas gerações mais. Para eles, é pessoal — sem uma ação orquestrada, não haverá futuro. Todos que aderiram ao sonho de salvar o Planeta Terra acrescentaram o seu Poder do Um individual ao que se tornou e deve continuar a ser um esforço inabalável para lidar com a crise climática.

Ao explicar esse conceito a Brooke, tive de admitir que, seja qual for o problema, para que a maioria se importe com um sonho compartilhado, é da natureza humana perguntar: "Bem, o que isso tem a ver comigo? E posso fazer a diferença de verdade?" Uma vez que as pessoas se sintam conectadas, conheçam alguém, enfrentem o problema em suas próprias comunidades ou sejam diretamente afetadas, nasce o Poder do Um. E elas se somam à equação.

As oscilações econômicas e as vastas desigualdades sociais só pioraram com a turbulência da mudança climática e as crescentes calamidades globais de saúde — que impactam itens essenciais como água, alimentos e até o ar. Quando os recursos naturais estão em perigo, a civilização também está. Com o crescente aumento de desabrigados globais, não há dúvida de que o mundo está mudando. Há alguns anos estima-se que aproximadamente 2% de toda a população de seres humanos do planeta está em deslocamento. Mulheres, homens e crianças estão fugindo da guerra, da violência de gênero, do conflito étnico e religioso e da revolução no Oriente Médio. Eles estão fugindo de guerras étnicas e civis e de mudanças climáticas extremas nas Áfricas Subsaariana e Ocidental. Estão fugindo de gangues, drogas, violência e instabilidade política nas Américas do Sul e Central. Comunidades inteiras em áreas costeiras empobrecidas estão fugindo de condições climáticas extremas e da destruição de ecossistemas inteiros.

Sejam de onde forem, as pessoas fogem por motivos semelhantes — em busca de mais recursos, liberdade, oportunidade, emprego, para salvar a própria vida ou a de seus entes queridos. Alguns encontraram abrigo temporário em campos de refugiados, mas a superlotação e outras condições adversas nesses locais tornaram sua permanência cada vez mais frágil. Alguns recorrem a lugares que antes lhes ofereciam guarida, mas que agora lhes fecham as portas. Outros estão presos no meio, impedidos de retornar ou de seguir para seu destino.

Certa vez, li uma estimativa bastante abrangente que afirmava que, se todos esses adultos e crianças, desabrigados e fugitivos, vivessem em um mesmo lugar, comporiam o décimo maior país do mundo — com uma população maior do que a Rússia, o México ou o Japão. A menos que de fato compreenda como é estar em uma situação de fuga, você pode se referir a eles — tal como grande parte da imprensa ocidental, sobretudo a mídia norte-americana — como migrantes, imigrantes, refugiados e até invasores (como já ouvi serem chamados em meu país, infelizmente).

Brooke perguntou como eu chamaria os estrangeiros que estão fugindo da pobreza e da perseguição, e respondi que, na minha opinião, somos todos membros da mesma família chamada humanidade. Então isso os tornava meus parentes. "De que mais posso chamá-los? Eu os chamo de sobreviventes."

Mama, bisavó de Brooke, não era diferente de muitas mães ao redor do mundo que tentam fugir da violência doméstica — muitas das quais são obrigadas a pegar seus filhos e tudo mais que conseguirem carregar e fugir para salvar suas vidas, em alguns casos viajando longas distâncias. Algumas delas precisam viajar com os filhos e todos os seus pertences mundanos em carrinhos de compras como o que tínhamos acabado de ver abandonado na neve.

"Certa noite, quando eu tinha sete anos, mamãe levou Ophelia e eu para fora de casa, onde vimos a maioria de nossas coisas empilhadas em um desses carrinhos de supermercado", recordei. Não era a primeira vez que minha mãe tentava fugir, mas meu padrasto sempre voltava para casa antes que ela pudesse nos tirar de lá. Dessa vez, ela planejou o momento certo e conseguira um novo lugar para nós a cerca de quatro quarteirões de distância.

Devemos ter nos mudado mais de uma dezena de vezes. Curiosamente, de alguma forma, todas as mudanças ocorreram dentro da mesma área de quatro quarteirões no centro da cidade de Milwaukee. Não é de admirar que eu mal pudesse esperar para viajar para outros lugares.

Também aprendi muito jovem como era importante memorizar com precisão o nome da rua e o número de onde morávamos. Todos os endereços em que moramos ficarão para sempre gravados em minha memória em razão da frequência com que vi Freddy quase matar minha mãe e tive que correr até o telefone público mais próximo para chamar a polícia, implorando que fosse àquele endereço.

Outra coisa que aprendi jovem, como qualquer pessoa em fuga, foi a importância de ter a chave do novo endereço.

Naquela noite, depois que mamãe deixou claro que tínhamos que ser rápidos, partimos. O timing era crucial. Freddy tinha saído para caçar naquele fim de semana, mas podia mudar de ideia e retornar a qualquer minuto, como já fizera antes. Se deixássemos qualquer pista, ele nos encontraria — o que significava que a surra que mamãe receberia seria muito pior. Nós nos movemos como uma equipe da SWAT, agarrados ao carrinho de compras, empurrando-o o mais rápido que conseguíamos até o novo endereço. Era um modesto apartamento de dois andares com uma árvore grande e frondosa na frente. Banhado pela luz do luar que se infiltrava por entre os galhos, o prédio parecia saído de um livro de histórias. Assim que chegamos, ainda recuperando o fôlego, me virei e vi minha mãe vasculhando desesperadamente sua bolsa e os bolsos da calça. Em nossa pressa de partir, ela havia deixado algo importante para trás.

Com lágrimas nos olhos, Mama balançou a cabeça e anunciou: "Esqueci a chave. Devo ter deixado na cômoda. Mas não podemos voltar. É tarde demais. Freddy já pode estar em casa."

Por um minuto, foi como se nosso sonho tivesse se estilhaçado em um milhão de pedaços. Mas, então, acho que por pura teimosia, apontei para a árvore e jurei: "Eu consigo entrar."

Minha mãe e minha irmã me olharam com ceticismo.

"Eu consigo", insisti. "Posso subir na árvore, me esgueirar pelo galho, pular na varanda lá de cima, entrar pela janela e descer para abrir a porta."

Brooke, fascinada pela história, inclinou-se aflita em minha direção. Eu estava prestes a descrever os detalhes da descrença de minha mãe quando minha neta apertou meu braço e implorou pelo desfecho. "Você conseguiu?"

"Pode apostar que sim. Escalei aquela árvore como se não fosse nada. Deslizei pelo galho e pulei na varanda. A parte complicada foi entrar pela janela. Felizmente, não estava trancada! Eu me esgueirei pelo apartamento e desci as escadas, estava um *breeeeu*, mas era o nosso sonho e eu não desistiria. Não decepcionaria a mim, minha mãe e irmã."

Algumas alegrias que podemos proporcionar às pessoas queridas não têm nada a ver com dinheiro ou bens materiais. Essa era uma delas para minha mãe. Quando abri a porta para deixá-las entrar, com nosso carrinho de supermercado, o rosto de minha mãe estava tão feliz e aliviado que eu queria congelá-lo para sempre me lembrar de sua expressão um pouco antes de ela me abraçar com força.

Esse é o Poder do Um. Quando achar que não há maneira possível de realizar o seu sonho e estiver prestes a desistir, basta uma pessoa — você — para fazer a diferença.

"Anos se passaram antes que eu conseguisse contar a alguém sobre ser sem-teto", confessei a Brooke.

Minha neta assentiu, pensativa, como se entendesse perfeitamente. Falando muito baixinho, ela perguntou: "Alguém no seu trabalho alguma vez descobriu, sabe, que você não tinha casa, nem carro, nem nada? Você conversava com alguém?"

"Deixe-me começar com a segunda parte de sua pergunta. Eu conversava com Chris Jr. o tempo todo desde o minuto em que o pegava na creche até o minuto em que ele adormecia. Ele era um grande ouvinte. E bastante tagarela também."

Esta sempre foi minha bagagem: a preocupação de que as pessoas nos vissem e soubessem de nossa situação. É estranho como, por um lado, podemos nos sentir tão terrivelmente invisíveis para o resto do mundo que parece que está tudo bem, mas, por outro lado, ficamos constrangidos de que alguém nos veja e descubra nossa história. O único lugar onde podíamos ser visíveis era na Glide. Todos que buscavam abrigo lá tinham as próprias histórias. Todos que estavam tentando mudar sua situação entendiam o Poder do Um. Não havia julgamentos.

Fiquei surpreso com o fato de que nenhum dos meus colegas de trabalho descobriu sobre minha outra vida.

"Eles nem desconfiavam?"

"Todos sabiam que eu tinha um filho. Talvez tenham percebido que não havia uma mãe presente. Mas o que não sabiam é que, depois de buscá-lo na creche, eu retornava, trabalhava mais e às vezes nós dois dormíamos embaixo da minha mesa." A única pessoa que poderia ter desconfiado era um dos sócios, que adorava chegar bem cedo. Ele costumava me olhar de soslaio quando me via de pé, com o pequeno Chris ao meu lado, vestido e pronto para ir à creche.

No escritório, sempre que tínhamos almoços para os clientes ou conferências especiais — com pizzas e sanduíches —, eu estava lá, embrulhando as sobras. Meus colegas de trabalho brincavam o tempo todo: "Cara, o Gardner *come* pra caramba." Mal sabiam eles que havia dois Gardner que *comiam* pra valer.

A certa altura da nossa jornada, a fim de conseguir comer e pagar uma creche, bem como economizar para termos uma moradia, comecei a doar sangue para complementar nossa renda. Os bancos de sangue pagavam em notas de vinte e eu tinha uma regra autoimposta de não usar notas desse valor. Na minha cabeça, se eu tivesse que pagar quatro dólares por leite e cereais com uma nota de vinte, o troco seria gasto rapidamente. No trabalho, comecei a receber comissões, mas eu guardava esse dinheiro no banco para uma moradia e me recusava a tocá-lo, até cerca de um ano após me tornar um pai solo e sem-teto, quando finalmente estava pronto para começar a procurar nossa primeira casa fora das ruas.

* * *

A última vez que tivemos um endereço fixo foi em Oakland. Quando enfim encontrei um lugar para morarmos, para minha surpresa, todo um ciclo se fechou — era uma pequena casa em Oakland. Eu tinha procurado por toda parte em São Francisco, mas acabei voltando para o Leste da Baía em busca de um local que eu conseguisse bancar. Não sei dizer quantas vezes eu já havia passado por aquele lugar, mas nunca o notei. E podíamos tê-lo ignorado mais uma vez se não fosse por um sinal dos céus que me atraiu naquela direção: uma roseira em flor, bem ali no gueto.

O pequeno Chris e eu havíamos sobrevivido três estações sem casa — outono, inverno e primavera — e, à medida que o calor começava a chegar ao Leste da Baía em preparação para o verão, eu não tinha certeza se conseguiríamos suportar mais três meses. Minha preocupação em gastar o dinheiro era não tê-lo mais caso houvesse uma retração do mercado — o que era sempre uma possibilidade —, então teríamos que voltar a viver sem um teto sobre nossas cabeças.

"Você estava preocupado?", perguntou minha neta.

"É claro. Mas um dia me dei conta de que era hora de parar de me preocupar com o que podia dar errado, pois isso estava me impedindo de sonhar com o que poderia dar certo."

Brooke queria saber quanto tempo demoramos para encontrar o lugar com as rosas no gueto.

"Cerca de um mês."

O timing foi perfeito. Não havia placa de ALUGA-SE, e parecia que o lugar precisava de uma boa limpeza e um pouco de carinho e cuidado. Quando avistei um senhor mais velho trabalhando do lado de fora da casa ao lado, perguntei se ele conhecia o proprietário. E de fato conhecia, pois o dono *era* ele.

Era outro bom sinal. Quando perguntei se estaria interessado em alugar a casa, ele respondeu que sim, mas acrescentou que teria de ser para o inquilino certo.

Eu disse que tinha interesse e perguntei se havia uma papelada para preencher. O gentil senhor não precisou fazer uma verificação de antecedentes nem nada. Ele tinha me visto com o pequeno Chris e, depois que eu lhe disse que era um pai solo que estava começando a me estabilizar financeiramente como corretor da bolsa, ele me interrompeu, dizendo: "Isso é tudo que preciso saber. Quando você gostaria de se mudar?"

"Quando peguei a chave e fui buscar Chris na creche, senti como se carregasse no bolso um cheque de 1 milhão de dólares que acabara de receber. Você deveria ter visto a expressão no rosto de Chris quando coloquei a chave na porta e entramos em nossa casa. Havia um quarto enorme só para ele", contei a Brooke.

"Você chegou à Terra Prometida." Brooke sorveu cada uma das lições que pulverizei ao longo de nossa conversa como maná, lições de como o sonho pode nos fazer superar os dias mais difíceis e chegarmos ao nosso *um dia*.

De manhã, após nossa primeira noite na nova casa, quando chegou a hora de nos prepararmos para ir até a creche, o pequeno Chris ficou preocupado por não termos colocado todas as nossas coisas no carrinho.

"Sabe, Brooke, é assim que ciclos podem se tornar geracionais. Meu filho — seu pai — me viu carregar tudo o que possuíamos, todos os dias, para todos os lugares por quase um *ano*, e isso se tornou normal para ele."

Imagine, disse a ela, o que ele pensou quando nos preparamos para sair e eu NÃO estava carregando nada. Chris Jr. apontou para minha sacola de roupas e para sua pequena pilha de roupas e disse, assustado: "Papai, você se esqueceu disso. E disso." E então acrescentou: "Temos que levar nossas coisas."

Não consigo explicar como me senti ao ser capaz de dizer após tanto tempo: "Não, filho, não temos que carregar mais nada, porque temos uma *chave* agora. Estamos em *casa*!"

Ele me olhou confuso. Naquele momento, peguei a chave e mostrei a ele de novo. "Veja, esta é a nossa chave. À noite voltaremos para cá. Podemos deixar nossas coisas e tudo estará aqui quando voltarmos."

O pequeno Chris ficou tão preocupado que tive que deixá-lo colocar a chave na porta sozinho e ver se realmente funcionava.

Brooke não conteve o riso. Nem eu. As outras pessoas no ônibus pareciam um pouco irritadas por conseguirmos rir tanto no meio de um tempo tão soturno.

"O mais engraçado de tudo foi ver o pequeno Chris no carrinho. A essa altura, ele era tão grande que mal cabia, e foi então que trocamos para um veículo maior."

"Um carrinho de supermercado?" Ah, Brooke estava *afiada.*

"Sim." Éramos uma atração famosa em Oakland e Berkeley, sem dúvida. Íamos a todos os lugares naquele carrinho de supermercado.

Ao dizer isso, de repente me lembrei de que, em um momento, o dinheiro ficou apertado — como eu temia; certa noite, para meu horror, quando chegamos em casa, descobrimos que a companhia de luz não pôde esperar mais um dia para receber os US$19 que eu lhe devia e cortou a eletricidade.

Depois de um ano da luta mais ferrenha que se pode imaginar, eu não sabia se devia DESISTIR, SURTAR OU CHORAR! Em vez disso, dei um pequeno passo rumo à normalidade e decidi dar um banho em Chris Jr. à luz de velas.

Diante da dúvida, *adapte-se,* eu disse a mim mesmo. Mas, quando coloquei meu filho na banheira e comecei a lhe dar banho, lembro-me de me questionar pela primeira vez. Eu me fiz as perguntas que havia evitado durante todo esse período: *Por quanto tempo mais posso fazer isso? Para onde estou tentando nos levar? O que vai acontecer?*

Meu filho captou minha energia, levantou-se na banheira, olhou diretamente em meu olhos à luz das velas e disse: "Papai, sabe de uma coisa?" Antes que eu pudesse responder, ele continuou: "Você é um BOM PAPAI!"

Se algo assim não acender a chama de sua determinação, há algo muito ERRADO!

Nós ficaríamos bem. E devo acrescentar que a companhia de luz mais tarde entrou em falência. Afinal, aparentemente, carma tem GPS.

Os sonhos — se estivermos dispostos a deixá-los ganhar asas e nos levar a bordo — podem exigir que aceitemos que o caminho a seguir será de progressões não lineares. Raramente temos a opção de passar do ponto A para o B e depois para o C. Mas não importa quanta incerteza e dificuldade surjam em nosso caminho, temos que estar atentos às menores bênçãos que podem acender as *maiores* chamas em todos nós.

Se permanecermos fiéis ao sonho, o progresso virá.

Olhando pela janela, fiquei grato ao ver o nosso progresso. Parecia que, pelo menos, por enquanto, a chuva e a neve haviam parado. O céu ainda estava cinza e soturno, mas, para meu alívio, estávamos chegando perto do ponto onde nos afastaríamos da North Michigan Avenue. Tínhamos regressado de Além da Muralha, de volta a lugares familiares nos quais eu realmente não pensava há anos.

* * *

Antes de ter a chance de apontar um importante marco pessoal — o YMCA, para onde mandava as crianças quando estava construindo meu negócio em Chicago com um orçamento apertado

—, notei a distância o que restava do projeto habitacional conhecido como Cabrini-Green. Chamei a atenção de Brooke.

"O que é Cabrini-Green?", perguntou ela, tentando ver para onde eu estava apontando.

Mesmo que algumas das unidades de tijolinhos ainda ficassem atrás de cercas e nas proximidades houvesse uma fileira de unidades baixas mais recentes, em meio à neve e ao gelo, o projeto habitacional praticamente abandonado parecia um cemitério de edifícios congelado. As principais torres residenciais, antes concebidas para abrigar moradores de baixa renda com conforto moderno, foram demolidas. Toda a extensão, encravada no meio de imóveis mais caros, me lembrava um cemitério de esforços bem-intencionados que deram errado.

"Cabrini-Green", expliquei, "tornou-se um dos lugares mais perigosos para se viver em Chicago. Era superlotado e pobre, e enfrentava terríveis problemas com drogas e gangues".

Sem usarmos essas palavras, conversamos sobre as questões da fuga dos brancos e da gentrificação e, mais uma vez, como as famílias podem facilmente acabar desamparadas e ficar sem teto.

Quinze mil residentes haviam sido amontoados nessas torres e vivido naquele pequeno pedaço de terra do tamanho de um parque. Com o tempo, o local se transformou em uma zona de guerra. Os noticiários relatavam crianças sendo mortas no fogo cruzado entre gangues rivais. Crianças e adultos desapareciam de repente. Quando sociólogos tentaram avaliar como Cabrini-Green havia se tornado um dos projetos habitacionais mais infames e violentos em Chicago, uma de suas conclusões foi que as unidades foram construídas para abrigar famílias compostas de mãe e pai. Na verdade, a esmagadora maioria dos habitantes eram adolescentes e jovens mães solo — havia pouquíssimos homens adultos.

Um dedicado ativista comunitário exemplificou o Poder do Um quando tentou, na qualidade de homem adulto, orientar muitos dos jovens do Cabrini-Green. De repente, o número de prisões diminuiu, a frequência escolar e os empregos lícitos aumentaram. Mas, quando esse líder teve de sair para perseguir seu sonho de concorrer a um cargo político, não houve substituto para o trabalho prático que vinha realizando. Ninguém assumiu seu lugar.

Não que os líderes e cidadãos não se importassem, contei a Brooke. De um ponto de vista mais maduro e sábio, acredito que a decisão de acabar com o Cabrini-Green teve a ver com economia. Sem dúvida, incorporadores imobiliários há muito tempo cobiçavam a propriedade. A prefeitura os apoiou. O investimento privado desenvolveu os bairros vizinhos com empresas e moradias mais caras, mas ninguém conseguia descobrir o que fazer com as poucas pessoas que sobraram no projeto habitacional.

"Todo aquele potencial", não pude deixar de dizer a Brooke. "Todos os jovens que poderiam ter tido permissão para sonhar, mas nunca tiveram." A cidade lutou por anos para encontrar soluções, pois obviamente os problemas das drogas, das gangues, da pobreza e da falta de opções melhores não desaparecem simplesmente com a demolição de edifícios.

Brooke virou para trás para dar uma última olhada no Cabrini-Green. "O que aconteceu com todas aquelas pessoas? Para onde elas foram?"

"Não sabemos. Mas deveríamos saber. Enquanto essas torres eram demolidas, diferentes cidades em todos os Estados Unidos demoliram 250 mil unidades de projetos habitacionais. Isso representa 1 milhão de pessoas. Desalojadas."

Nós dois ficamos sem palavras.

Não existe uma resposta fácil ou solução única para todos os casos de falta de moradia — seja local, seja global. Mesmo assim, eu sentia que, se não aprendêssemos lições urgentes com os erros do passado, o ciclo continuaria.

Durante nosso silêncio, fiz algumas observações sombrias sobre o que acontece com indivíduos e grupos de pessoas que não têm permissão para sonhar. Obviamente, boas políticas públicas destinadas a ajudar as pessoas a terem uma vida melhor são insuficientes quando essas pessoas não têm o poder para ser parte da solução. Quando não conseguimos vislumbrar um futuro próspero para nós mesmos, tudo o que sabemos é como continuar vivendo da maneira que estamos vivendo — mesmo quando isso é insuportável. É um Dia da Marmota coletivo. É exatamente como cantaram os Dramatics em seu sucesso de 1972, "Whatcha See Is Whatcha Get".* Suas circunstâncias externas são impossíveis de mudar quando você é incapaz de imaginar possibilidades que não estão na sua frente — *ainda*.

As consequências de não conseguir desenvolver essa capacidade podem ser terríveis. No meu caso, essa capacidade foi nutrida por uma mãe que me dizia que, se quisesse ser um profissional de primeira linha em alguma coisa e me tornar milionário, eu poderia. Isso não significa que ela sonhou por mim. É nesse ponto que entra a ideia de *permissão*. Quando você ajuda outra pessoa a *escolher acreditar* em si mesma e em seus sonhos mais lou-

---

* "O que você vê é o que você recebe", em tradução livre. (N. da T.)

cos e audaciosos, também está lhe concedendo permissão para que ela seja diferente. E também para ser criticada, desdenhada e ridicularizada.

Meus pensamentos me levaram de volta ao ensino médio e a muitos de meus colegas que nunca se deram permissão para verbalizar ou visualizar outra existência além da pobreza ou da dificuldade. A pessoa que veio à mente foi esse garoto que aparentava se sentir ameaçado pelos sonhos e pelas diferenças alheias. Ele fez de sua missão desdenhar de qualquer um com metas grandiosas. Era como um xerife das baixas expectativas. Todos conhecemos caras como ele.

Normalmente são os mais barulhentos, arrogantes e determinados a rebaixar os outros para compensar a própria falta de algo notável. São pessoas que nunca tentam, nunca progridem, nunca mudam, nunca sonham. No fundo, elas provavelmente gostariam de poder superar as próprias limitações, mas não deixam transparecer. Chegamos a pensar que algo poderá levá-las a rever seu pensamento, e, às vezes, isso até acontece. Mas não foi o que aconteceu com esse garoto. Mais de quarenta anos depois, ele ainda era o mesmo — o mais barulhento e o mais arrogante, ainda preso na mesma situação do final de sua adolescência e início da vida adulta.

Eu o reencontrei no final de 2017, quando visitei Milwaukee para receber um prêmio da comunidade. Sempre que pensava nele, eu me lembrava dos tempos do colégio, quando cometi o erro de compartilhar meu sonho mais recente de me tornar um profissional de primeira linha e ele reagiu de forma arrogante.

A primeira coisa que fez foi RIR.

"Ria o quanto quiser", respondi. "Você ouvirá falar de mim. Farei coisas grandiosas. E serei milionário."

Ele explodiu comigo. "O que você quer dizer com... *milionário*?" Antes que eu pudesse responder, ele berrou com sua voz estrondosa, provocando: "Como você vai ser um merda de um milionário? Você não sabe cantar. Você não consegue correr, pular e pegar uma bola. Não é bonito e não vai fazer coisas grandiosas. E nunca será milionário."

Bem, como Brooke já sabia, ninguém mais seria capaz de mudar a minha escolha de me dar permissão para sonhar. No entanto, ele me fez pensar duas vezes antes de compartilhar meus planos e sonhos com tanta facilidade.

Conforme os anos passaram e minhas viagens me afastaram de Milwaukee, não fazia ideia do que havia acontecido com ele — até essa visita à minha cidade natal, quando fui convidado para fazer um test drive em um carro muito chamativo que a concessionária esperava que eu comprasse. É uma sensação inebriante quando você vai conhecer o último modelo Rolls Royce com todos os acessórios e o vendedor lhe dá as chaves e diz: "Leve-o para dar uma volta."

Era um carro magnífico com vidros escuros que fez com que me sentisse o James Bond. Não era necessariamente adequado para mim, embora o Rolls Royce fosse um símbolo vívido de quão longe de suas origens mais humildes seus sonhos podem levá-lo. Por algum motivo, decidi dirigir pelo antigo bairro em que morava e passar por alguns dos lugares que meus amigos e eu costumávamos frequentar. Foi assim que encontrei o mesmo cara que disse que eu nunca conseguiria nada na vida por todos os motivos que ele listou.

No início, não pude acreditar nos meus olhos. Lá estava ele, à minha frente, à esquerda, parado em frente a um daqueles mesmos pontos onde costumávamos nos reunir por não ter muito mais o que fazer. Agora ele estava em um grupo de caras mais velhos que pareciam a encarnação de um conto folclórico sobre o que acontece quando você não se dá permissão para sonhar. Eram todos parecidos, como se estivessem congelados no tempo, só que mais grisalhos, mais acima do peso, mais rabugentos e mais mesquinhos. Escondido atrás dos vidros escuros, me aproximei dele lentamente.

Conforme descrevia esse encontro para Brooke, ela deixou escapar: "Ah, não, você não fez isso!"

"Não consegui evitar! Com o toque de um botão, abaixei o vidro e o cumprimentei."

Brooke perguntou sem fôlego: "O que ele disse?"

"Não posso repetir", admiti. "Mas acho que ele percebeu que talvez devesse ter passado mais tempo sonhando do que tentando sufocar os sonhos alheios."

Minha neta assentiu, mas pude perceber uma dúvida borbulhando em sua mente. Com um murmúrio, incentivei a pergunta.

"Eu só estava me perguntando como o Poder do Um poderia ajudar as pessoas que não aprenderam que podiam fazer ou ser o que quiserem."

Excelente questionamento. "Uma forma é ser um exemplo." Por isso decidi criar um programa de estágio após começar meu negócio em Chicago. Oferecíamos empregos de meio período para jovens de bairros pobres aprenderem sobre o mundo de Wall Street e das altas finanças e, se mantivessem boas notas na escola, minha empresa pagaria pela sua educação universitária. Uma de nossas estagiárias, que cursou graduação e mestrado em finanças, lembrou mais tarde como essa experiência mudou sua maneira de enxergar o próprio potencial.

Quanto mais eu pensava nisso, mais parecia que havia chegado o momento de expandir essa abordagem, talvez sonhar algo mais urgente. Chegara a hora de incentivar os outros a enxergarem as próprias possibilidades de fazer a diferença. Chegara a hora de agitar um pouco as coisas — e as urnas — para fazer com que as pessoas se importassem mais com questões aparentemente distantes de suas vidas e se somassem à equação.

Percebendo que não estávamos longe de outro marco pessoal importante, sugeri a Brooke: "Que tal descermos na próxima parada e esticarmos as pernas?"

Com um aceno de cabeça, ela verificou se sua gaita ainda estava confortável no estojo dentro da sacola plástica, enfiada debaixo de seu casaco para proteção extra. Então, levantou-se de seu assento e me seguiu até a frente do ônibus.

CINCO

VIRE O JOGO

Quase como um milagre, ao desembarcarmos do ônibus, ambos notamos que o vento que soprava do lago estranhamente havia parado. Libertos da neve e da chuva, ficamos felizes por estar ao ar livre, pelo menos por enquanto. Aceleramos o ritmo, não pelo desespero de escapar da nevasca, mas pela alegria de aparentemente termos sobrevivido a ela.

"Deixa ver se entendi direito", começou Brooke. "Se alguém tem o sonho de, digamos, ficar rico um dia, tudo que precisa é sonhar e não desistir dele. É isso?"

Prometi retomar o mérito desse sonho de ser rico, caso seja o único de uma pessoa, mas, por enquanto, limitei-me a ponderar, como minha mãe fez comigo: "Muitos têm dinheiro, mas não têm o mel." Em outras palavras, as pessoas que buscam apenas riquezas podem muito bem alcançá-las, mas muitas vezes descobrem que suas vidas carecem de significado, propósito e amor. O mel é o que torna os sonhos doces o suficiente para nos alimentar e nutrir por muito tempo. O mel enriquece toda sua vida, não apenas sua conta bancária.

"Porém", continuei, "respondendo à sua pergunta, o primeiro passo para transformar qualquer sonho em realidade é dar-se permissão para sonhar. Só que essa é a parte fácil. A parte difícil é que, se quiser transformar seu sonho em realidade, e não apenas em um desejo, você tem que ter um PLANO".

Brooke balançou a cabeça, como se eu tivesse escondido essa informação o tempo todo. E, como um desafio, me perguntou: "Você sempre teve um plano?"

"Não, não de verdade. Não até que meu sonho evoluísse e eu decidisse me mudar para Chicago e virar o jogo — construir minha própria empresa ao mesmo tempo que de repente me tornei um pai solo, não de uma, mas de duas crianças."

Brooke me encarou com espanto. De alguma forma, ela nunca tinha ouvido a saga que meu filho e minha filha chamaram carinhosamente de *À Procura da Felicidade: Parte II*.

"Você já ouviu aquele ditado de que um raio nunca cai duas vezes no mesmo lugar?", perguntei à minha neta.

Ela já conhecia.

"Bem, eu tenho uma história que provará que esse ditado está errado."

* * *

Os planos, assim como os sonhos, devem ser adaptáveis o suficiente para evoluírem à medida que as circunstâncias e a nossa visão mudam. Passei um ano da minha vida tentando conquistar uma pequena posição na primeira corretora de valores que me abriu as portas e, sinceramente, não elaborei meus planos muito além de continuar evoluindo na empresa.

Assim que eu e o pequeno Chris nos instalamos em nossa nova casa e comecei a dominar os fundamentos necessários para tentar construir o que era conhecido como carteira de clientes, passei a ter resultados na área de movimentação e até de criação de contas. Eu não só tinha um conhecimento sólido do setor de serviços financeiros em geral, como também dessa esfera específica na qual comecei a brilhar.

Quanto mais eu entendia do negócio, mais meu sonho de me tornar um profissional de primeira linha me levava a procurar os mestres Jedi de minha área. Por sorte, a Bear Stearns, sediada em Nova York, acabara de expandir de simples corretora para uma firma completa de serviços financeiros. Era um novo mundo. Em seu escritório em São Francisco, chefiado por Marshall Geller e Gary Shemano, as portas estavam sempre abertas para qualquer pessoa dotada de algo que os sócios consideravam a qualificação máxima: ser um PID — Pobre, Inteligente e com um profundo Desejo de ficar rico. Afinal, o objetivo dos PIDs era obter uma CBA — Conta Bancária Abastada. Ao relatar tudo isso para Brooke, pude perceber, em retrospecto, que os desafios do passado se transformaram em vantagens no meu futuro.

Com meu bônus de contratação na Bear Stearns, consegui um lindo apartamento em São Francisco, o que reduziu o tempo diário de deslocamento, que era de três horas. Localizado na área do Golden Gate Park, nosso novo endereço ficava perto da creche de Chris e as despesas não eram mais o problema de antes. Também consegui ampliar meu guarda-roupa — que consistia em dois ternos, um azul e um cinza, que usei diariamente por um ano e que eu chamava com bom humor de meus uniformes de reencenação da Guerra Civil —, incluindo dois *novos*. E você adivinhou: um azul e um cinza — mas dessa vez estou falando de ternos Armani. (Bem, eram os anos 1980!)

Sempre que tinha notícias de minha ex, não conseguia ignorar a paixão quase irresistível que sentia por ela — apesar de tudo que passamos. A química era *poderosa*, embora fôssemos totalmente incompatíveis no que diz respeito a construir uma vida juntos. Depois que nos separamos e ela partiu daquela forma, eu não deveria sequer considerar qualquer tipo de reconciliação.

Dito isso, na ocasião em que ela foi visitar nosso filho, eu estava em uma situação bem diferente. Tudo que ela disse que nunca aconteceria estava se tornando realidade — além de estar sendo orientado por alguns dos melhores na área de serviços financeiros, eu preparava minha transferência para a nave-mãe: a Bear Stearns na cidade de Nova York. Diga o que quiser, mas os melhores dos melhores em muitas áreas — finanças, moda, arte, entretenimento — construíram suas reputações em Nova York. Como diz a música de Sinatra: "Se eu conseguir vencer lá, consigo *em qualquer lugar**!" Meu plano era dominar meu ofício, aprendendo e competindo com os melhores dos melhores!

---

* No original: "If I can make it there, I'll make it anywhere." (N. da T.)

Meu reencontro com minha ex foi agradável. Chris Jr. adorava ter a companhia de ambos os pais ao mesmo tempo. Enfeitiçado pelo charme dela, eu queria acreditar que o passado havia ficado para trás, que tínhamos nos tornado mais sábios e que talvez até pudéssemos tentar uma nova vida juntos se conseguíssemos construí-la a partir do sucesso que eu alcancei e da adoração mútua por nosso filho.

Com esse espírito, minha ex e eu concordamos em nos encontrar mais tarde naquela noite para conversar sobre uma reconciliação. Uma noite. Devíamos ter *conversado* mais! Pela manhã, ambos percebemos que a reconciliação *não* daria frutos. Exceto pela bênção que chegou nove meses depois, quando nos tornamos pais de uma garotinha linda e obstinada, a bebê Jacintha — ou J., como a chamávamos.

Isso é o que quero dizer sobre raios caírem duas vezes no mesmo lugar. Não estávamos destinados a ficar juntos por muito tempo, mas a energia romântica entre nós era real e nos atingiu em dois momentos diferentes de nossas vidas. Estávamos claramente destinados a trazer essas duas almas a este mundo. Brooke pode não ter entendido muito bem como eram improváveis as chances de conceber uma criança em uma noite, mas ela compreendeu o fato de que o pequeno Chris e J. cresceriam com um forte vínculo fraterno.

Minha ex e eu concordamos em dividir a guarda de nossos filhos. O plano era que eles ficassem com a mãe durante o ano letivo e comigo durante o verão e nas férias. Eles ficavam em Los Angeles a maior parte do tempo, que não era o pior lugar para se visitar e, na verdade, teria sido difícil tê-los comigo o

104 PERMISSÃO PARA SONHAR

ano todo depois que fiz a grande mudança para a cidade de Nova York a fim de trabalhar com ninguém menos que o lendário Alan "Ace" Greenberg, presidente do conselho, CEO e sócio sênior da Bear Stearns.

Certa vez, Warren Buffett fez uma declaração sobre Ace, que notavelmente havia se tornado membro da Sociedade dos Mágicos Norte-Americanos: "Ace Greenberg é melhor que eu em quase tudo: no bridge, em truques de mágica, no adestramento de cães, na arbitragem — em todas as coisas importantes da vida."

Brooke ficou intrigada. "Truques de mágica?", perguntou.

"Ace era conhecido por ser um dos melhores mágicos amadores do mercado. Ele era um profissional de primeira linha e eu tinha que aprender com ele." Seu exemplo, contei a Brooke, me ajudou a perceber que você nunca deve ter medo de sua própria magia.

Às vezes, sua magia pode levá-lo a descobrir sua própria maneira de fazer as coisas, que não é necessariamente igual à das outras pessoas. Mas, antes de quebrar as regras e virar o jogo, você precisa aprendê-las.

No meu primeiro dia na Bear Stearns em Nova York, Ace me deu dois conselhos que carrego comigo todos os dias: "Fique esperto rápido", o que para mim significava continuar aprendendo o negócio com os *melhores* na área. E "Invista seu tempo antes de investir seu dinheiro".

Meu plano começou a se consolidar gradualmente. Uma percepção surpreendente veio da descoberta de que havia figurões por aí fazendo um tipo de negócio totalmente diferente do meu, e estavam ganhando dinheiro *de verdade* — o que significa dinheiro com retornos anualizados. Eles ganhavam exponencialmente mais do que nós, que executávamos as transações negociais. Na verdade, administravam e investiam dinheiro para indivíduos ricos e delegavam o trabalho para corretores. Seu modelo de crescimento e sua capacidade de ganho eram aprimorados por novos relacionamentos, que surgiam de forma contínua.

Em uma corretora de varejo, como a que eu trabalhava, você simplesmente executa as transações — faz uma venda, depois outra e busca a próxima —, sem criar um fluxo de relacionamentos e receita. Em pouco tempo, uma ideia radical começou a fervilhar em minha mente. Em vez de o administrador dos fundos delegar as transações para mim, por que eu não poderia cumprir as duas funções? Por que eu não poderia fazer isso para contas que incluíam desde indivíduos muito abastados e clientes institucionais até pessoas de renda média que não recebiam a devida orientação financeira para aumentar sua riqueza? Depois que comecei a entender o negócio de gestão de investimentos institucionais, não me interessava ser corretor de ações de varejo. Eu vi o futuro.

Nesse ínterim, embora meus rendimentos fossem melhores em Nova York, o outro conselho de Ace sobre investir tempo antes de dinheiro foi um pouco ignorado. Afinal, estávamos na década de 1980, na cidade de Nova York, onde todo mundo ganhava e gastava bateladas de dinheiro com a mesma rapidez.

Nada disso me preocupou demais, pois pensei que tinha descoberto o que me permitiria ser Miles Davis por meus próprios méritos e virar o jogo. Além disso, descobri um mercado que não estava sendo ofertado ou demandado, um mercado que, francamente, ninguém em Wall Street jamais percebeu que existia. Esse mercado era "pequeno" (avaliado em menos de 1 bilhão de dólares) e era administrado e controlado por empresários e empreendedores afro-americanos. No entanto, tentar entrar nele significaria contrariar a nave-mãe, a Bear Stearns, que determinava quais pacotes de investimento e produtos financeiros deveríamos vender. Vestir a camisa da empresa ficou mais difícil para mim.

Quando tentei partir em busca de oportunidades próprias, a hierarquia da Bear Stearns tentou me controlar. Ace Greenberg admirou minha ambição, mas meus superiores imediatos não ficaram felizes e queriam me demitir. Embora Ace estivesse do meu lado, no final das contas suas mãos estavam atadas.

Em um momento de busca interior, tive que adaptar meu plano. Mais tarde, esses momentos ficaram conhecidos como situações em que é preciso "pivotar". Às vezes, como gosto de dizer, você é forçado a fazer um "pivot radical". Pode ser algo que nunca teria escolhido, mas você tem que fazer funcionar. Meu pivot radical me levaria em uma direção inesperada.

Brooke parecia acompanhar o panorama geral de minha tomada de decisão com claro entendimento. Ela fez a observação interessante de que a busca interior era muito parecida com sonhar e tentar obter uma resposta de seu sonho.

Ela acertou na mosca. Minha busca interior logo me levou à resposta: Chicago. Fazia todo o sentido do mundo.

Na época, Chicago e o Meio-oeste eram como Tombuctu. Por um lado, apesar da curta viagem de avião que a separa de Nova York, Chicago era quase um continente diferente. Por outro lado, a região era o lar de uma das maiores concentrações de empreendedores afro-americanos, que criaram uma verdadeira riqueza geracional, marcas icônicas e negócios longevos com enorme sucesso. Estou falando de John H. Johnson, da Johnson Publishing; de Ed e Bettiann Gardner, da Soft Sheen; e, claro, de Berry Gordy, da Motown, de Detroit.

Como alguém que cresceu no Movimento dos Direitos Civis dos anos 1960 e 1970, e que marchou pela liberdade e igualdade, eu acreditava que as leis por si só não eram suficientes para proteger nossos direitos como cidadãos negros; precisávamos também de igualdade *econômica* em termos reais — como proprietários de negócios, como membros do conselho de corporações globais e como investidores com o poder de controlar o capital e acumular riqueza verdadeira. Parte do meu sonho era desempenhar o papel de facilitador desse empoderamento. Também tive a ideia maluca de que as pensões e as economias de indivíduos da classe trabalhadora de todas as origens — membros de sindicatos, professores, enfermeiros, bombeiros, funcionários públicos e assim por diante — poderiam lhes render mais dinheiro se investidos coletivamente.

Ao longo de minha jornada em Wall Street, consolidei minha convicção de que muitas pessoas que não integravam as classes econômicas mais elevadas estavam perdendo oportunidades de alcançar uma riqueza real — simplesmente porque não tinham acesso à melhor expertise.

Tudo isso me indicava a direção da Cidade dos Ventos.

* * *

Quando me mudei para Chicago no final de 1986, quase todo o dinheiro que ganhara havia sido gasto, e levei comigo apenas

US$100, um sonho e um plano. Eu completei o ciclo — do Meio-oeste para a Costa Oeste, depois para a Costa Leste e de volta para o Meio-oeste. Algumas pessoas têm curvas de aprendizado. Outras, como eu, têm ciclos. Na minha juventude, o Meio-oeste me ensinou a sonhar em fazer algo maior do que o que via todos os dias. A Costa Oeste foi onde obtive a oportunidade de adentrar o mundo dos sonhos. Na Costa Leste, o objetivo foi dominar o conjunto de habilidades. De volta ao Meio-oeste, era hora de *trabalhar*.

Aos 33 anos, completar o ciclo também significava que eu estava a apenas noventa minutos de Milwaukee, Wisconsin. Mama podia me visitar, e Chicago era uma ótima cidade para as crianças passarem o verão e as férias comigo. Graças a um de meus mentores, cuja generosidade excepcional e crença em meu sonho acabaram levando a um subsídio inicial de US$10 mil, instalei-me em um pequeno apartamento onde morava e trabalhava, e rapidamente conheci as particularidades da cidade e um novo elenco de personagens no mundo dos investimentos. Posteriormente, eu apelidaria isso de "montar minha agenda de contatos" (lembra-se dessa expressão antiquada?). Os relacionamentos são mais importantes do que o dinheiro. Eles são infinitamente mais valiosos do que o que você tem para vender.

Durante um ano inteiro, trabalhei arduamente, para obter minha associação na Chicago Board Options Exchange, na Midwest Stock Exchange e na National Association of Securities Dealers (NASD), bem como meu registro de corretor. Todos os dias, todas as semanas durante um ano. Isso exigia foco total ao *enésimo* grau. Antes de, finalmente, começar a construir o negócio que seria o primeiro do tipo em Chicago, tive que me estabelecer, abrir minha empresa e aprender uma lição muito importante: descobrir o que eu não queria fazer! Esse tópico surgiu em uma manhã de segunda-feira de outubro de 1987, quando abri oficialmente a empresa.

"Tudo estava maravilhoso", contei a Brooke, insinuando que algo estava prestes a desmoronar.

Ela esperou pela reviravolta na história.

"Bem, o dia que escolhi para ser o primeiro dia de trabalho da minha empresa foi 19 de outubro de 1987, que logo depois ficou conhecido como Black Monday — a *pior* queda no índice Dow Jones Industrial Average em um único dia. *De todos os tempos!* Pior do que o crash de 1929, que deu início à Grande Depressão. Pior do que a maior queda diária em outubro de 2008, que destruiu setores inteiros da economia global."

"Ah, não!"

Ah, sim. O mercado de ações despencou 23% em um dia — a pior queda registrada até hoje. Todos sentiram o golpe, principalmente pequenas empresas como a minha na época. A lição aprendida foi que eu não queria viver assim. Então, imediatamente fiz um pivot radical para me concentrar no negócio de corretagem institucional. A virada de jogo agora estava em modo acelerado.

Esse não era, de forma alguma, um cenário fácil para lançar qualquer empresa de serviços financeiros. No entanto, adivinhe só? Minha experiência anterior como sem-teto se tornou uma vantagem. Você pode se perguntar: mas como? É simples: quando você é um sem-teto, basicamente trabalha *sem* recursos — então se torna *muito* engenhoso em criar recursos.

Brooke já tinha ouvido a palavra "engenhoso" antes, mas teve que admitir que nunca a entendeu de verdade. Conversamos sobre recursos que não envolvem dinheiro — coisas como inventividade, iniciativa, resiliência e recusa em ceder, mesmo diante de calamidades, como o colapso de todo o mercado de ações.

"Atitude é tudo", enfatizei. "Se eu tivesse que viver de mingau de aveia por um ano, faria isso." Brooke, que adora mingau de aveia, achou que era uma coisa óbvia.

É preciso tirar proveito de cada lição aprendida — de suas próprias experiências e das de outras pessoas. Depois, há o que mais tarde foi chamado de "Marketing de Guerrilha", no qual você cria seu próprio manual e, usando de criatividade, faz acontecer quando ninguém mais consegue. Embora eu não tenha inventado essa estratégia, certamente dominei seus princípios básicos.

"Do modo como vejo a engenhosidade", sugeri, "você usa o que tem até obter o que *precisa*". Pessoas que empreendem e que viram o jogo, em geral, precisam ser engenhosas, muitas vezes encontrando oportunidades em meio à adversidade. Cerca de 50% das empresas da Fortune 500 foram fundadas durante um mercado em baixa ou uma recessão.

Muitos empreendedores descobrem que, na verdade, um sonho não é algo a ser apenas *alcançado*, mas, sim, *construído* ou *criado*. Às vezes, é preciso fazer tudo isso ao mesmo tempo. Isso é marketing de guerrilha avançado. Minha jornada ao longo de um ano, à procura de meu primeiro cliente institucional, foi muito extensa, embora na maior parte do tempo sem muito estresse. Grande parte da construção do meu sonho foi lançar as bases — criar, cultivar, desenvolver e nutrir novos relacionamentos. As coisas estavam progredindo bem, embora eu ainda não tivesse fechado um negócio. Mas não estava preocupado. Isto é, até o outono e o inverno seguintes, quando o tempo começou a esfriar, eu a enfrentar um problema de fluxo de caixa — o que sempre pode acontecer — e meu telefone ser desligado!

Agora eu estava *encrencado*. Após tentar seguir meu caminho sozinho e competir com os maiores nomes de Wall Street por uma fatia dos bilhões de dólares em comissões pagas todos os anos, e depois de criar todos aqueles relacionamentos, de repente eu não tinha telefone?

Foi um pesadelo.

P: Como você trabalha como corretor da bolsa sem telefone?
R: Você NÃO trabalha!

Naquela época, também não era possível trabalhar sem um fax, outra tecnologia que precisava de linhas telefônicas e que crianças da idade de Brooke raramente compreendem. Também foi cortado. A companhia telefônica não teve compaixão.

Eu tinha acabado de dizer a todos os novos clientes em potencial que cuidaria deles se me dessem seu dinheiro... *exceto que, oh, não fui capaz nem de pagar minha conta de telefone*. A situação era ruim e, se as pessoas descobrissem, seria desastroso.

"O que você fez, Vovô?"

Bem, nesses momentos você tem que pensar como Ace Greenberg e usar todas as cartas mágicas que tiver na manga. Eu me tornei *engenhoso*!

Naquele ano, tivemos alguns dos dias de inverno mais rigorosos (não muito diferentes da nevasca que Brooke e eu estávamos enfrentando). Forçado a fazer um pivot radical, criei um plano arriscado. Em vez de sentar ao lado do telefone que não tocaria, saí no frio congelante e visitei todos em minha lista de contatos mais recente — sem hora marcada. Eram executivos e tomadores de decisão nos escritórios de todos os meus clientes em potencial — fundos de pensão, sindicatos de bombeiros, de policiais e de professores, *todo mundo*. Eles me viram e acenaram para que eu entrasse — provavelmente surpresos por eu ter saído com aquelas condições climáticas.

Todas as reuniões terminaram com a seguinte frase: "Bom te ver, Chris. Ligue para mim na próxima semana." O que significava que eles não tinham motivo para me ligar e descobrir que meu telefone havia sido cortado.

Essa jogada me deu tempo suficiente para receber os cerca de US$40 que eu precisava pagar para ter meu serviço telefônico reativado. E provavelmente consegui fechar três vezes mais negócios assim do que ficando em meu escritório.

"Na...", me interrompi antes de falar "minha época". Em vez de dizer a Brooke que tinha transformado limões em limonada (muito velho e cafona), fui ainda mais antigo e acrescentei: "Nas palavras de William Shakespeare, 'Bem está o que bem acaba'."

Brooke — satisfeita com as lições sobre como o poder dos sonhos pode virar o jogo — pareceu perceber que eu havia diminuído a velocidade até parar em frente a um grande edifício residencial no número 555 da West Madison. "Este é o Presidential Towers", anunciei.

Ela examinou com aprovação. Era um prédio impressionante quando me mudei para lá como meu segundo endereço em Chicago. O aluguel estava alguns degraus acima do que eu poderia pagar com facilidade, mas o apartamento foi um grande avanço, servindo como residência e escritório. Alguns dias, ao longo da minha jornada de ascensão, acabei me deixando levar pelo glamour de ser um empreendedor aspirante, mas eu era na maior parte do tempo mais uma pessoa em busca do sonho americano — tentando manter as proverbiais portas abertas e luzes acesas. Quando a situação apertava, muitas vezes, ao voltar de uma das minhas reuniões, eu dobrava a esquina na esperança de não ver meus móveis empilhados na rua. Nunca se sabe. Mas houve outras surpresas.

"Uma manhã", comecei, "saí do elevador no saguão deste prédio, vi um menino lindo e pensei: *Esse garotinho se parece com meu filho*". Então, descrevi a Brooke como ele pulou em meus braços, gritando: "Papai!" *Era* meu filho! E logo atrás dele estava minha filha, Jacintha, e a mãe deles... e todas as suas bagagens.

Atordoado e sem saber o que estava acontecendo, conduzi todos para dentro do elevador e até meu apartamento/escritório. Assim que entraram atrás de mim, fui ao banheiro para — literalmente — jogar um pouco de água fria no meu rosto. Quando saí, minha EX havia sumido.

De novo!

Sim, pela segunda vez um raio atingia o mesmo lugar. É isso o que quero dizer com a parte 2 de *À Procura da Felicidade*. Eu tinha avançado de uma situação de muita dificuldade, tentando abrir minha própria empresa e mal conseguindo evitar o despejo, para a de um pai solo — de *duas* crianças.

"Entende o que quero dizer? Você precisa de um plano que cubra as situações que simplesmente não pode planejar."

Brooke assentiu, como se todas as peças do quebra-cabeça finalmente estivessem se encaixando. No entanto, sua pergunta seguinte me pegou desprevenido. "A presença deles trouxe mais significado, propósito e amor?"

Sim, assegurei. Foram eles que acrescentaram o mel ao meu sonho. "Exceto, é claro, quando agiam como crianças normais que fazem coisas estúpidas."

Antes, eu havia mostrado a Brooke o YMCA, local onde seu pai e sua tia costumavam ir para o acampamento de verão e também para a creche. Agora contei a ela sobre uma vez em que Chris e J. tinham cerca de oito e quatro anos, respectivamente. Eles costumavam voltar juntos de ônibus e eu os esperava no ponto para que fôssemos para o apartamento, onde eu trabalharia mais um pouco. Certo dia, Chris Jr., que ficava encarregado de guardar o dinheiro da passagem do ônibus, gastou tudo em guloseimas para os dois — ou seja, eles não tinham dinheiro para voltar.

"Em guloseimas?", perguntou Brooke.

"Eles levaram almoço, mas decidiram comprar batatas fritas e doces ou qualquer outra coisa." Sem dinheiro para o ônibus, não tiveram outra opção a não ser andar todo o caminho de volta para casa. Não é pouca coisa.

Brooke e eu caminhamos até o local onde o ônibus costumava chegar, e mostrei a ela onde eu estava quando ele parou e meus filhos não desceram. O motorista disse que não vira os dois. O terror tomou conta de mim, pensei que algo terrível pudesse ter acontecido. Meu maior medo era que, se eles tivessem perdido o ônibus e não tivessem escolha a não ser esperar o próximo ou caminhar até em casa, Chris Jr. talvez achasse mais fácil e rápido pegar um atalho pelo Cabrini-Green.

Brooke, que acabara de ouvir a história do infame projeto habitacional em que crianças eram baleadas e desapareciam, só conseguiu dizer: "Ah, não!"

Durante uma hora e meia, eu dividi meu tempo, correndo para cima e para baixo nas ruas que eles poderiam estar e voltando para checar outros ônibus. Finalmente, avistei os dois caminhando pela Halsted Street — Chris Jr. segurava a irmã pela mãozinha.

Antes de dar uma bronca, esperei que Chris me contasse o que havia acontecido, e ele admitiu a má decisão de gastar o dinheiro do ônibus em guloseimas.

O fato de meu filho assumir a responsabilidade foi encorajador. E eu tive que aliviar o sermão quando ele foi rápido em acrescentar que pegaram o caminho mais longo, pois sabia que não devia passar pelo Cabrini-Green com sua irmã mais nova. Depois dessa informação, eu não poderia ficar muito bravo. Ele e J. prometeram nunca mais gastar o dinheiro do ônibus em guloseimas. Algumas lições você só precisa aprender uma vez.

Brooke e eu tivemos uma trégua do clima, mas eu podia sentir uma nova agitação de vento e neve. O aviso era claro: hora de voltar para casa. Porém, havia mais um marco que eu queria compartilhar com ela. Havia também algumas lições mais importantes a serem transmitidas.

Como um passe de mágica, assim que esses pensamentos me ocorreram, um táxi surgiu quase do nada e parou bem ao nosso lado no meio-fio.

SEIS

UM PROJETO PARA SUA VIDA

A arquitetura de Chicago, em minha humilde opinião, é uma das mais impressionantes, ecléticas e belas do mundo. Enquanto nosso táxi se dirigia para o sul, chamei a atenção de Brooke para alguns dos icônicos edifícios da cidade, contando anedotas sobre a fascinante história da arquitetura.

"Sabe, em alguns dos filmes do Batman, os diretores escolheram usar locações em Chicago para representar Gotham City — embora os criadores da DC Comics tenham se inspirado em Nova York." Isso me levou a explicar que, embora tenha sido o berço do primeiro arranha-céu do mundo, Chicago sempre foi ofuscada pela Big Apple. "É por isso que a chamam de Segunda Cidade."

Ela não assistira aos filmes do Batman, mas estava ansiosa para saber que referências procurar. Nosso taxista *gostou* da conversa. Disse que ficaria feliz em nos mostrar alguns dos pontos. Por que não? E, para começar, o número 330 da North Wabash — que parecia ainda mais perfeito naquele dia de neve, todo reluzente e moderno —, onde as cenas da Wayne Enterprises foram filmadas. Construído em 1971, foi o último edifício projetado pelo icônico arquiteto moderno Mies van der Rohe, cuja minimalista torre de vidro preta era o epítome do design de primeira linha e ajudou a dar a *Batman: O Cavaleiro das Trevas* sua atmosfera atemporal.

O taxista lembrou uma grande cena de perseguição no filme, em que o Batmóvel passa por vias subterrâneas e depois se transforma na Batmoto, tudo isso em alta velocidade pela Wacker Drive — a única rua de Chicago que tem trechos chamados North, South, East e West. Há também a Upper Wacker, Lower Wacker e Lower Lower Wacker, correspondendo aos seus vários níveis. Eu sempre dizia: "Ei, se você precisa marcar uma reunião e está torcendo para que a pessoa não apareça, diga a ela 'Encontre-me na Wacker'." Sempre funciona.

"Meu prédio favorito fica no número 35 da East Wacker", admiti enquanto o táxi acelerava naquela direção. Quando os andares superiores ficaram visíveis, eu disse a Brooke: "É chamado de Edifício dos Joalheiros e, como você pode ver, é uma joia." Com quarenta andares de altura, foi construído na década de 1920 e costumava ser um centro de comércio de joias.

O estilo arquitetônico, conhecido como neoclássico, enfatizava elementos centenários que exalavam imponência e simplicidade ao mesmo tempo — dando ao edifício um ar de riqueza e valor, perfeito para os desejos de joalheiros e outros locatários importantes. Tudo muito exclusivo.

Segundo rumores, o prédio tinha um elevador para carros e, nos dias de Al Capone, caso fosse preciso se esquivar da polícia, ele poderia simplesmente entrar no prédio, subir pelo elevador dentro do carro até a cobertura e ter uma reunião, depois voltar para o carro, descer pelo elevador e partir. Ninguém nunca saberia.

Antes de prosseguirmos para nossa próxima parada, Brooke perguntou se poderíamos dar a volta no quarteirão e dar uma última olhada no prédio. Ela estava hipnotizada. Na verdade, lembrou-se de um trailer de um filme do Batman que tinha um prédio como aquele.

"Quando me apaixonei pela arquitetura", comentei, ao partirmos novamente, "era alguns anos mais velho que você, tinha cerca de quatorze anos. O Dr. King mencionou algo sobre arquitetura em um discurso de 1967, e isso mudou a maneira como eu via a mim e ao meu futuro. A partir de então, nunca mais olhei para um prédio da mesma forma". O discurso foi sobre a importância de ter um projeto — para o seu sucesso, para a sua vida e até mesmo para um movimento destinado a promover mudança social. Um projeto é mais do que um plano; é um alicerce — uma pedra angular.

Brooke já me ouvira falar sobre o Movimento dos Direitos Civis, mas nunca soube de meu envolvimento como ativista adolescente.

"Bem, em primeiro lugar, na década de 1960, todo jovem afro-americano em Milwaukee estava consciente do movimento." As organizações estavam em plena ação — como a Conferência de

Liderança Cristã do Sul (SCLC, na sigla em inglês), fundada pelo Dr. King, e a Associação Nacional para o Avanço das Pessoas de Cor (NAACP, na sigla em inglês), entre outras que variavam de não violentas a militantes. Ativistas se mobilizaram em todo o país, chamando a atenção para o racismo sistêmico de longa data. Muito do que os noticiários divulgavam era sobre as injustiças no Sul dos Estados Unidos. Mas elas estavam em toda parte.

Milwaukee, na época e até um tempo depois, era severamente segregada. Quando menino, eu estava convencido de que todos no mundo eram negros. Exceto na TV. Brooke não conseguia entender como era possível nunca ter visto uma pessoa branca até os oito anos. "Lembra que eu disse que, não importava quantas vezes nós mudássemos, sempre ficávamos nos mesmos quatro quarteirões? Os afro-americanos só podiam alugar imóveis em certas áreas." Éramos tão estratificados que a cidade era basicamente dividida entre o norte e o sul. Se você fosse negro, teria que ficar no lado norte, exceto pelo fato de que a maioria das fábricas e fundições ficava no lado sul. Todas as manhãs havia uma grande migração de trabalhadores negros caminhando pelas três pontes, e isso não era um problema. Mas, depois que o sol se punha, nenhum afro-americano queria ser pego do lado errado de qualquer uma dessas pontes.

Brooke acompanhou minhas palavras com espanto e descrença.

Essa era uma conversa importante e eu não queria amenizá-la. "Veja, o próprio Dr. King ficou surpreso quando veio a Chicago pela primeira vez e descobriu como era segregada — era ainda pior do que o Alabama!"

Em Milwaukee, o grande foco dos organizadores foi um movimento pela legislação de moradias abertas. A partir de agosto de 1967, marchamos por duzentas noites. No final, a Marcha em Milwaukee seria considerada uma das mais bem-sucedidas em efetuar mudanças reais a nível local, estadual e nacional, incluindo a Fair Housing Act [Lei da Igualdade de Moradia] de 1968, aprovada pelo governo federal.

Meus amigos e eu éramos adolescentes, e nenhum de nós tinha ideia do que realmente significava "moradia aberta", mas eu estava animado por integrar o movimento. O Conselho Juvenil da NAACP, sob a liderança do padre James Groppi, era sediado na Saint Boniface Church, em frente à nossa casa.

Marchamos, produzimos panfletos e pôsteres, protestamos, fizemos reuniões de organização e tínhamos um lugar seguro e uma atividade social para frequentar após a escola. "Mas a melhor parte", confessei a Brooke, "era que, depois que marchávamos, eles nos *alimentavam*!".

Quando me dei conta, estava cantando nosso hino, "Am I Black Enough for You?*", de Billy Paul, e entoando: "Liberdade, aleluia, vamos liderá-los... Meus filhos irão mais longe se eu *alimentá-los*!"

Os organizadores eram espertos o suficiente para saber que as pessoas nunca desperdiçam uma boa crise. Eu ficaria feliz apenas pela oportunidade de sair de casa, mas acrescente sanduíches e biscoitos e eu marcharia o dia todo, todos os dias. Protestávamos debaixo de chuva, granizo e neve, nada nos impedia, seguíamos o lema do serviço postal dos Estados Unidos.

---

* "Sou negro o suficiente para você?", em tradução livre. (N. da T.)

Fomos empoderados em um momento crítico da história. Além do Movimento pelos Direitos Civis, havia uma revolução cultural e musical em andamento, um movimento pela paz surgindo em resposta à Guerra do Vietnã e o movimento de libertação das mulheres. Nas figuras de Miles Davis e Dr. Martin Luther King Jr. tive duas influências muito diferentes, mas duradouras.

Mama aprovava até certo ponto. Ela se preocupava um pouco que eu pudesse me tornar militante demais. Mais tarde, quando cheguei em casa com um exemplar do livro *Die N—r Die!**, de H. Rap Brown, minha mãe deixou bem claro: "Não, de jeito nenhum, você não pode ficar com esse tipo de coisa aqui agora."

Em outra ocasião, quando todos começamos a comprar roupas na loja de excedentes do Exército-Marinha, adquiri uma grande jaqueta verde-militar e um lenço xadrez preto e branco que, sem querer, me fizeram parecer um pouco com Yasser Arafat.

Mama olhou para mim e disse: "Hmmm, que facção da OLP você representa?"

Ela realmente não mediu palavras.

Quando o nosso Conselho Juvenil da NAACP começou a vender moletons — com dizeres nas costas como SOCK IT TO ME, BLACK POWER, SOUL SISTER OU SOUL BROTHER** —, comprei um

---

* "Morra, Cri***o, Morra", em tradução livre. (N. da T.)

** Em tradução livre, "Me dá logo", "Poder Negro" e "Irmã ou Irmão do Soul" são frases e expressões do movimento negro norte-americano. "Sock it to me" é um jeito enfático de pedir algo, que sugere que a pessoa está ansiosa em receber, às vezes usado com conotação sexual. Era um bordão de um esquete do programa de TV Rowan & Martin's Laugh-In; o quadro de conotação machista apresentava situações em que, ao dizer a frase, uma mulher sofria algum tipo de humilhação, como baldes de água jogados em sua cabeça ou peças de roupa arrancadas. O quadro logo foi retirado do ar por pressão do movimento feminista. Ao regravar a versão de *Respect*, originalmente de Otis Reddings, Aretha Franklin adaptou a letra para uma narrativa feminina e incorporou o trecho, transformando-o em uma frase de empoderamento feminino e fazendo da canção um hino do movimento pelos direitos civis. (N. da T.)

para minha mãe. Ela vestia o moletom com orgulho, embora não fosse para as ruas protestar. Mama, que cresceu na Louisiana e teve suas credenciais de professora negadas por causa da cor de sua pele, entendia bem a luta. Minha opinião é que seu opressor tinha sido seu marido abusivo, e o esforço para sobreviver à violência exauriu seu espírito de luta.

Um dia, porém, flagrei Mama em um momento de ativismo. Na ocasião, ela estava vestindo seu moletom e varrendo a cozinha quando, de repente, apareceu uma barata enorme.

"Ecaaaa", respondeu Brooke, em uma reação apropriada.

Mama se virou para mim com um sorriso e disse: "Lá vai um irmão do soul bem ali — olhe para ele." De repente, ela incorporou a militância, empunhou a vassoura e matou a barata. *Bummmm!*

Em seguida, rapidamente acrescentou: "Sock it to me, Black Power!" E explodiu na maior e mais bela gargalhada. Mama não ria muito. Hoje eu sei que isso era reflexo da dor de um relacionamento abusivo. Mas, quando ela *ria*, era contagiante.

Na verdade, Mama e eu não conversávamos muito sobre as marchas das quais eu participava nem sobre os discursos que eu ouvia, mas os assassinatos ocorridos naqueles anos — primeiro do presidente Kennedy, em 1963; depois do Dr. King, em abril de 1968; e então de Bobby Kennedy, em agosto de 1968 — foram sentidos como se fossem de membros da nossa própria família. Especialmente o do Dr. King. Por alguma estranha razão, me recordo de que, no momento em que a notícia foi transmitida no rádio, eles tocaram "A Change Is Gonna Come"* na voz de Sam

---

* "Uma Mudança Está por Vir", em tradução livre. (N. da T.)

Cooke. Em meus momentos mais tristes de perda, ainda posso ouvir a voz no início do verso... "Eu nasci perto do rio..."* e o som do choro abafado de minha mãe.

Quando cantei esse trecho para Brooke, ela perguntou baixinho a qual dos discursos do Dr. King eu me referia quando mencionei meu favorito. Ela achava que era "Eu Tenho um Sonho", feito em 1963 — seu discurso mais citado. Afinal, o assunto que discutimos o dia todo era a permissão para sonhar. Fiquei encantado que Brooke o conhecesse, mas não era esse.

Nosso taxista ofereceu um palpite de que eu devia estar me referindo ao "Discurso do Topo da Montanha" — o último proferido pelo Dr. King. Ele tinha viajado para Memphis para discursar naquela noite em apoio à greve dos garis afro-americanos e planejava liderar uma marcha no centro da cidade no final da semana, uma vez que conseguisse resolver os empecilhos legais. Na noite seguinte, em um dos dias mais sombrios da história mundial, por volta das 18h de 4 de abril de 1968, no motel em Memphis onde sempre se hospedava, Dr. King foi assassinado.

Nosso taxista tinha motivos para mencionar aquele discurso épico, extraordinário e profético. Sempre que o ouço ou leio, tenho que concordar com todos aqueles que acreditam que o Dr. King previu o que estava por vir. Houve ameaças de morte e de bomba no avião em que pegou para Memphis. Ele mencionou sua proximidade da morte quando foi esfaqueado anos antes. Ele não sabia que estava fazendo o último discurso de sua vida naquele 3 de abril, mas falou como alguém que queria ter certeza de dizer algo que talvez nunca tivesse outra chance de colocar em palavras.

---

* No original: "I was born by the river..." (N. da T.)

Dr. King queria tranquilizar e encorajar todos nós a não desistirmos da luta e expressar seu sentimento de que havia feito sua parte, agora cabia a nós continuar. Por fim, ele nos contou que tinha estado no topo da montanha, avistado a Terra Prometida e visto seu sonho de igualdade, liberdade e justiça totalmente realizado. "Posso não chegar lá com vocês", afirmou, "mas esta noite quero que saibam que nós, como povo, alcançaremos a Terra Prometida". Ele disse que estava feliz, que nada mais o preocupava e que não temia ninguém.

Nos últimos anos, muitas vezes fui convidado a discursar em reconhecimento ao seu aniversário ou em sua homenagem em algum evento especial do Mês da História Negra/Dia de Martin Luther King. Essas ocasiões não são fáceis para mim, pois cito trechos de seus muitos discursos com tanta frequência e presto homenagem à sua liderança com tanta regularidade que, para mim, todo dia é *o dia dele*!

Ainda assim, quando pressionado a escolher um tópico especial relacionado ao Dr. King, minha primeira opção é talvez um de seus discursos menos conhecidos e possivelmente o mais breve — meu favorito. Em 26 de outubro de 1967, o Dr. King foi para a Filadélfia e, naquela tarde, discursou na Barratt Junior High School — para alunos da minha idade na época. Como parte de uma série de palestras de grandes personalidades patrocinada pela SCLC em todos os Estados Unidos, naquela mesma noite, ele também discursou em um evento da "Stars for Freedom" no Spectrum — um estádio gigantesco recém-inaugurado, onde teria a companhia de celebridades como Sidney Poitier, Harry Belafonte e Aretha Franklin. Dr. King e os líderes mais influentes do Movimento dos Direitos Civis compreendiam que os jovens eram a chave para o verdadeiro impulso de mudança social.

Então, como contei a Brooke, que estava ansiosa para descobrir por que eu amava tanto esse discurso, o Dr. King queria discursar em uma escola de ensino médio local para convidar os alunos a se juntarem a seus pais mais tarde no Spectrum. Foi uma técnica de vendas brilhante. Ele percebeu que, se esses jovens voltassem para casa animados com a participação no grande evento, seus pais também desejariam se engajar. Dr. King queria que os alunos reconhecessem que eles também tinham um papel a desempenhar na luta por igualdade e justiça. E então, em vez de lhes dar, digamos, a versão juvenil do discurso "Eu tenho um sonho", ele abordou um tema que eu nunca ouvira antes.

Com sua habitual oratória simples e grandiosa, ele desafiou os alunos a refletir sobre o que seria preciso para transformar seus sonhos em realidade. Em outras palavras, qual era a visão e a pedra angular de seu plano? Que passos precisariam ser dados? Quais materiais e outros ingredientes seriam necessários?

O Dr. King começou: "Quero fazer uma pergunta a vocês: qual é o projeto para sua vida?" Ele não falou em tom condescendente com o público nem evitou a complexidade. Em vez disso, seguiu uma metáfora que encorajou todos a pensar sobre os edifícios impressionantes na Filadélfia e em outros lugares. "Sempre que um edifício é construído", continuou, "geralmente há um arquiteto que desenha um projeto, e esse projeto serve como modelo, como guia... e um edifício não é bem erguido sem um projeto bom, sólido e coerente. Agora, cada um de vocês está em processo de construção da estrutura de suas vidas, e a questão é se tem um projeto adequado, sólido e coerente".

Dr. King reiterou que, cada vez que passamos por qualquer grande e belo edifício, é fácil esquecer que, *antes* de a terra ser escavada; o alicerce, firmado; e a construção, iniciada, ele era apenas uma ideia, um sonho e, depois, um projeto feito por um arquiteto.

Brooke assentiu com profunda compreensão. Esse era o conselho factível que esperava ouvir. Ela percebeu que, uma vez que se dá permissão para sonhar, você está no comando. Ninguém mais fará o trabalho.

"É exatamente isso", concordei. "Você se torna o arquiteto dos seus sonhos e da sua própria vida — e o empreiteiro e construtor versátil."

Para ser tudo isso, assim como todos os aspectos que envolvem a construção de um prédio, você tem que ter um "projeto bom, sólido e coerente".

Nesse discurso, "O Projeto da Sua Vida", o Dr. King deixou claro que, conforme seus sonhos e planos evoluem, espera-se que seu projeto para um sucesso sólido continue a ser um guia durante todo o processo de construção. Para tanto, ele acreditava que o projeto deveria conter três coisas: (1) o princípio da *Plenitude*, (2) a determinação para alcançar a excelência e (3) o compromisso com os princípios eternos de beleza, amor e justiça.

O princípio da Plenitude, que o Dr. King menciona como o primeiro elemento no projeto de sua vida, significa

uma profunda crença na própria dignidade, no próprio valor e na própria identidade. É não permitir que o façam se sentir como se fosse um ninguém. É sempre se sentir como alguém que importa, que tem valor e cuja vida possui um significado supremo.

Mais cedo naquele dia, Brooke havia comentado algo sobre o sonho de ser rico. Eu lhe disse que não havia nada de errado em aspirar à riqueza e à segurança financeira. Na verdade, cheguei à conclusão de que a busca pela prosperidade e abundância está em nosso DNA — já faz parte do projeto de nossa vida individual. O princípio da Plenitude lhe diz que você tem o que precisa para obter prosperidade e que pode defini-la em seus próprios termos, não nos dos outros.

No entanto, não importa o quão bem-sucedido você seja, sua riqueza e seu status não devem definir seu valor próprio, em minha opinião. "Seu valor próprio", frisei para Brooke, "nunca deve ser equiparado ao seu patrimônio líquido".

Minha neta observou que meu sonho de me tornar um profissional de primeira linha não era tão diferente do segundo item do Dr. King para um projeto sólido: *a determinação de alcançar a excelência*, não importa qual seja o seu campo de atuação. Verdade. Fiquei fascinado com as palavras do Dr. King aos alunos na Filadélfia e a todos que puderam ouvir a gravação do discurso depois:

Com o passar dos dias e dos anos, você decidirá o que fará na vida — qual será o trabalho de sua vida. Após descobrir qual será, comece a fazê-lo e bem... Se cabe a você ser varredor de rua, varra as ruas como Michelangelo produzia suas pinturas. Varra as ruas como Beethoven criava suas composições. Varra as ruas como Leontyne Price cantava no Metropolitan Opera. Varra as ruas como Shakespeare escrevia poesia. Varra as ruas tão bem que todos no céu e na terra terão que parar e dizer: "Aqui viveu um grande varredor de rua que fez bem o seu trabalho."

Os dois primeiros elementos, relevantes para todo projeto, faziam sentido para Brooke — e, a propósito, nosso taxista pareceu gostar muito da conversa. Mas o terceiro e mais importante elemento era mais difícil de explicar. O que significa um projeto de vida que tenha *o compromisso com os princípios eternos de beleza, amor e justiça?* Em termos simples, se estiver comprometido com esses princípios, o sonho da vida que está construindo envolverá mais do que apenas você. Como clamou Dr. King:

Não permita que ninguém o humilhe a ponto de fazer com que o odeie. Não permita que ninguém o faça perder o respeito próprio a ponto de você não mais lutar pela justiça. Por mais jovem que seja, você tem a responsabilidade de tornar sua nação melhor para se viver. Você tem a responsabilidade de tornar a vida melhor para todos. E, assim, deve se engajar na luta pela liberdade e pela justiça.

Dr. King também se esforçou para ser diligente e prático a serviço dos princípios eternos, desenvolvendo formas de resolver problemas por meio da não violência ou da militância (contanto que vidas não fossem perdidas e bens não fossem danificados):

Portanto, nosso slogan não deve ser "Queime, cara, queime", deve ser "Construa, cara, construa". "Organize-se, cara, organize-se." Sim, nosso slogan deve ser "Aprenda, cara, aprenda" para que possamos "Conquistar, cara, conquistar".

Ao relembrar muitas dessas palavras, percebi de modo mais intenso do que nunca que, como país, ainda estávamos na jornada para o sonho. Tínhamos um longo caminho a percorrer, mas eu precisava fazer jus ao discurso que sempre preguei de que "passos de bebê também contam" — desde que continuemos avançando.

O discurso "O Projeto da Sua Vida" mudou meu caminho, ajudando-me a apreciar a magnificência dos projetos de alguns dos edifícios mais icônicos do mundo. Com o tempo, depois que finalmente fundei minha empresa, identifiquei o projeto de minha vida e usei-o para expandir meu sonho e ajustar o plano de meu negócio. Descobri que um aspecto do planejamento era elevar continuamente meu próprio padrão. Ao nomear minha empresa, por exemplo, percebi que, se quisesse competir com as principais organizações, precisava de algo que soasse como Bear Stearns ou Dean Witter. Os nomes mais proeminentes no mundo financeiro, historicamente falando, tendiam a ser uma conjunção dos sobrenomes dos fundadores.

Foi assim que criei a Gardner Rich & Company. Era esse tipo de nome que eu poderia imaginar não apenas na porta de um escritório, mas até mesmo na fachada de um prédio inteiro. Quase todo mundo presumiu que eu tinha um sócio cofundador chamado Rich. Que nada!

Brooke descobriu isso enquanto eu contava a história, embora ainda estivesse curiosa para saber como escolhi esse nome.

"Como eu poderia perder com um nome que remetia à ideia de jardineiros cuidando de seus investimentos para deixá-lo rico*? Funcionou. E sabe o que mais? Você precisa ter um plano para cultivar seus sonhos como um jardineiro, para que eles realmente possam florescer."

"As pessoas alguma vez perguntaram onde estava o Sr. Rich?"

"O tempo todo", respondi. "Nós apenas dizíamos que ele estava fora do escritório."

A risada de Brooke ecoou na parte de trás do táxi, e eu ri ainda mais. O mesmo fez nosso amigo ao volante.

Passo a passo, lance a lance, finalmente chegou o dia em que consegui pegar as chaves do meu novo escritório — no mesmo prédio do qual eu e Brooke agora estávamos nos aproximando. Ela tinha visitado o lugar muitas vezes quando era mais jovem, mas já fazia um tempo — mais de três anos — que eu havia devolvido o imóvel.

"South Financial Place, número 401?", perguntou nosso motorista enquanto dirigia em meio à lama e ao gelo até o distrito financeiro, não muito longe da Sears Tower, no mesmo quarteirão que a Gardner Rich & Company ocupou imóveis de primeira linha por mais de quatorze anos.

Quando parou no meio-fio, o motorista me agradeceu pela segunda vez por ensinar a importante lição do Dr. King sobre ter um plano para sua vida e por compartilhar a necessidade de um senso de Plenitude. Ele garantiu que nos aguardaria ali, estacio-

---

* Em inglês, *gardner* quer dizer jardineiro e *rich*, rico. (N. da T.)

nado, e acrescentou: "Sr. Gardner, gostaria de ter ouvido uma mensagem como essa quando era mais jovem."

Ao ouvir essas palavras, algo aconteceu em minha mente. Como se sementes de um novo pensamento tivessem sido plantadas. "Sabe, conversar com jovens como um trabalho regular pode ser divertido", falei para minha neta quando saímos do táxi.

Brooke me fez prometer que a primeira escola a receber uma visita minha seria a dela. Negócio fechado! Eu pensaria a respeito. Era sério? Era uma possibilidade? Resolvi deixar a ideia de lado e esperar para ver se ela voltaria.

Corremos para espiar pelas janelas da minha antiga segunda casa. Aquele lugar fora mágico. Memórias brotavam de cada ângulo. Minha mesa no andar principal era uma reluzente asa traseira de um DC-10, com 3,5 metros de comprimento. Isso sim é uma mesa dos sonhos!

Por todo o escritório, havia pinturas e esculturas de arte africana e fotos de meus heróis, como Nelson Mandela, Dra. Maya Angelou e Quincy Jones, a maioria dos quais conheci pessoalmente e considero mentores. Duas cabeças de elefante feitas de gesso estavam penduradas na parede, protegendo os bens lá dentro. Embora eu não cace, as cabeças de elefante eram um lembrete de minhas próprias palavras: "É preciso a mesma energia para apanhar um elefante ou um rato."

Éramos todos leões, à caça da grande oportunidade.

Antes de ter condições de arcar com o aluguel, passei por aquele prédio diariamente durante anos, pressionando meu nariz na janela, sonhando com *um dia*. Em uma era de cubículos, aquele lugar era diferente — um grande espaço de escritório aberto (550 metros quadrados!) em um único andar, com uma área privativa no piso superior. Cerca de 500 mil pessoas por dia passavam diante daquelas janelas. Isso que é propaganda! O sonho ganhou vida e eu pensava naquele prédio o tempo todo, continuamente criando oportunidades no mundo real que, por sua vez, me dariam os meios para, um dia, conseguir me mudar para lá.

O atributo mais atraente era que o escritório ficava no piso térreo — o que o tornava de fácil acesso a qualquer candidato sedento em busca de um sonho ou à procura de uma oportunidade para começar. Esse era o meu tapete de boas-vindas. Não esqueci como era desanimador nunca conseguir uma reunião com o CEO de uma das maiores empresas fundadas por negros nos Estados Unidos. Cada vez que tentava, eu era obrigado a passar por inúmeros postos de controle e barreiras que impediam meu acesso ao escritório na cobertura.

Um modelo de operação acessível representava mais do que meu compromisso com os princípios eternos, como o Dr. King nos incentivou a integrar no projeto de nossa vida. Francamente, era um negócio inteligente. Se eu estava enriquecendo no solo das riquezas e dos trabalhadores de Chicago, fazia sentido ajudar a devolver recursos para esse mesmo solo contratando outros PIDs como eu. E valeu a pena para todos os envolvidos.

"O que te deixou mais feliz?", perguntou Brooke antes de voltarmos para o táxi. "Comprar a Ferrari vermelha — ou a Ferrari preta Michael Jordan — ou pegar as chaves do seu escritório?"

Sim, conseguir aquelas chaves foi um sonho que se tornou realidade, e foi emocionante ser o rei do pedaço e, claro, comprar um par de Ferraris. Isso foi a prova de que, com sonhos e um projeto, tudo é possível. Mas, novamente, tive que explicar a Brooke que essas eram apenas as armadilhas do sucesso, não a verdadeira fonte de uma vida plena. Além disso, The Notorious B.I.G, ou Biggie, como o chamo, sabia muito bem o que dizia quando cantou "Mo Money Mo Problems"*.

Qual a verdadeira fonte de uma vida plena?

Alguns momentos se destacaram para mim: voar de helicóptero com Holly sobre uma selva tropical até um refúgio particular em Santa Lúcia — um paraíso de pura paz; assistir à formatura de minha filha, Jacintha, na Universidade de Hampton e vê-la se tornar o primeiro membro de nossa família a se formar na faculdade desde que meus ancestrais vieram acorrentados para os Estados Unidos, quatrocentos anos atrás; e ouvir meu filho me contar que seria pai e eu seria avô. E, o melhor de tudo, acrescentei, passar um tempo com minha neta debaixo de neve em uma expedição Além da Muralha e viver para contar.

Brooke se inclinou para um abraço e ficou na ponta dos pés para me dar um tapinha nas costas. Demos uma última olhada no espaço que minha empresa costumava ocupar.

"Então, isso é tudo que preciso saber — sonhos, um plano de ação, liberdade para virar o jogo, um projeto de vida, uma crença de que ninguém pode impedi-lo, exceto você, e a possibilidade de sonhar com ainda mais fervor quando as coisas ficarem difíceis?"

Ela não deixou passar quase nada. Essa é minha Ursinha.

---

* "Mais dinheiro, mais problemas", em tradução livre. (N. da T.)

"Brooke, lembre-se, seu caminho pode nem sempre ser uma linha reta e você pode não se mover tão rápido quanto gostaria, mas foi o Dr. King quem disse que as menores ações, um pé na frente do outro, conduzem ao movimento que provoca mudança", afirmei, acrescentando meu refrão familiar: "Cada passo conta, desde que você continue avançando."

O rosto de Brooke se iluminou, como se ela tivesse acabado de se lembrar de algo perdido há muito tempo. Era uma lembrança da época em que ela tinha dois anos e meio e fui a Boston visitá-la. Eu a levara a um parque não muito longe da Harvard Square. Nossa! Eu me recordava muito bem da sua tentativa árdua de subir a escada para o trepa-trepa e de como eu, sendo um avô protetor, tive que ficar bem ao lado dela, atento e me certificando de que não caísse.

Brooke repetiu exatamente o que eu disse a ela na ocasião. "Ok, querida, lembre-se: a mão, depois o pé. A mão, depois o pé." Era assim para subir. Era assim que aprenderíamos a escalar aquela montanha. Com o passar dos anos, sempre que minha neta aprendia algo novo, este era o exercício: a mão, depois o pé. Como ela dominaria a gaita? Como se tornaria a estrela do time de basquete? Como chegaria à Casa Branca? Indo sempre em frente. A mão, depois o pé.

"Exatamente!", assegurei a ela e acrescentei: "Atravessando o fogo, superando o sofrimento. Passos de bebê com discernimento. Se tudo é disputa, seja o jogador, vá a luta."

"Uau, de quem é essa citação?", perguntou Brooke.

Eu sorri. "Biggie?"

"Vovô, você acabou de fazer um *rap*?"

"Ei! Você sabe que esse é *nosso lance*! Devíamos ligar para Jay Z e dizer a ele que estou pronto para entrar no estúdio!"

Ambos rimos tanto com a ideia que quase perdemos o equilíbrio.

Um súbito manto de neve começou a cair. O vento tinha voltado, dessa vez com força. Tínhamos abusado da sorte ao sair do táxi. Para nosso alívio, nosso motorista ainda estava lá, esperando a segunda corrida.

SETE
HABILIDADES DE PRIMEIRA LINHA

Quando retornamos ao táxi, o motorista estava com o motor e o aquecedor ligados e a música tocando. Escutei algumas batidas e reconheci uma das minhas músicas favoritas de Stevie Wonder: "Rocket Love", do álbum *Hotter than July*. A música me levou de volta ao momento em que deixamos de ser sem-teto, quando Chris Jr. e eu tínhamos acabado de encontrar nosso primeiro lar em Oakland. Para refeições rápidas, costumávamos ir a uma lanchonete — do tipo que chamamos de "entope veia" — que nos deixava comer a crédito e pagar no final da semana, quando eu recebia meu pagamento.

Havia dias em que eu estava *tão cansado* que tudo que queria fazer era sentar, comer e ficar em silêncio. Mas alguém sempre ia até a jukebox e colocava essa música. Imediatamente, Christopher pulava de sua cadeira e olhava para mim. "Papai, é o Stevie! É o Stevie!" E tínhamos que dançar ao som do refrão: "Você me levou para passear no seu foguete, me deu uma estrela" e "me jogou de volta neste mundo frio e cruel"*. E às vezes sentia um pouco de pena de mim mesmo por minha ex ter me deixado e eu ainda estar em dificuldades. Mas então a comida chegava e eu observava meu filho comer com tanto prazer e alegria que só conseguia me sentir grato por estarmos fazendo progressos. A mão, depois o pé.

A genética é engraçada. Desde muito cedo, Brooke compartilhava com o pai o amor pela boa comida. Ele se deliciava. Esse fato ficou muito claro quando tentei descobrir como meu filho de oito anos estava se saindo na escola. A pergunta que fiz a ele foi: "Filho, o que você mais gosta na escola? Qual a sua matéria favorita?"

"Almoço", respondeu, sem parar para pensar.

Quando Brooke tinha cerca de oito anos, fiz a mesma pergunta, e ela nem pestanejou para responder: "Almoço."

Desnecessário dizer que, assim que "Rocket Love" terminou de tocar no rádio do táxi e eu propus que comêssemos algo antes de ir para casa, minha neta expirou profundamente: "Achei que você nunca fosse perguntar." E disse que estava pensando no prato de panquecas e bacon de uma de nossas paradas favoritas — o Oak Tree no shopping 900 Shops, na avenida North Michigan, próximo ao Four Seasons, que, além de ser uma opção para comer, era o marco de fronteira do que eu chamava de Muralha. Que diabos,

---

* No original: "You took me riding in your rocket, gave me a star" e "dropped me back down to this cold, cold world". (N. da T.)

eu não pretendia ter que cruzar essa fronteira de novo. Mas, se quiséssemos fazer isso, poderíamos.

"Vamos deixar para decidir quando chegarmos lá", falei.

No caminho, moroso e acidentado, com o barulho da neve e do gelo parcialmente raspados sendo triturados sob os pneus, houve uma pausa longa o suficiente na conversa para Brooke pegar sua Ferrari das gaitas e tocar algumas notas. O taxista foi quase efusivo demais em nos elogios, dizendo que estava surpreso por esta ser a primeira vez que ela tentava tocar. Ainda assim, tive que concordar. Brooke tinha um senso natural de tom e sua melodia inventada era legal, e fiz questão de lhe dizer isso. Satisfeita, ela guardou-a e iniciou sua próxima linha de questionamento.

"Como é possível se tornar uma pessoa de primeira linha?" Minha neta lançou a pergunta como um teste, como se, passada a etapa da teoria, ela agora quisesse informações práticas.

"Fico muito feliz que você tenha me perguntado isso", admiti. "A verdade é que há muitos mestres em seus ofícios que não sabem dizer como chegaram lá. Eles simplesmente o fizeram sem muito esforço. A única coisa que diriam é que, no início, você tem que estar disposto a batalhar muito. Aprenda o básico, melhore, encontre mentores para desafiá-lo, faça perguntas o tempo todo, se esforce e se sacrifique. Quanto mais você trabalhar, mais real seu sonho se tornará. Mas lembre-se sempre de trabalhar mais do que sonha, nunca sonhe mais do que trabalha."

Brooke, um tanto desapontada, parecia já estar cansada daquele papo de trabalho árduo.

Em seguida, contei como aprendi essa lição com Mama, quando, certo dia, ela perguntou se eu tinha terminado meu dever de casa e minhas tarefas domésticas.

Mama: Filho, você fez seu trabalho?

Eu: Sim, senhora!

Mama: Você orou?

Eu: Sim, senhora!

Mama: Bem, continue trabalhando, porque Deus está *ocupado*!

Nosso motorista murmurou algo como *sabemos bem disso*. Brooke teve que enaltecer a bisavó por me explicar como são as coisas.

Minha mãe estava muito à frente de seu tempo. Nesse sentido, eu já havia conversado com Brooke sobre globalização e por que a necessidade de estudar com afinco era tão importante. O que muitos jovens não percebem é que a competição por empregos regulares não é mais só entre nossos pares, mas entre o mundo todo, para onde muitas de nossas indústrias se realocaram ao longo dos anos. É por isso que tenho pouca paciência quando as pessoas reclamam dos imigrantes que vêm roubar nossos empregos. Aqueles que vieram e enriqueceram nossa economia e cultura por centenas de anos começaram a vida no país fazendo os trabalhos que ninguém mais queria. Um imigrante roubou *seu* trabalho na colheita de uvas? De lavador de pratos? De vendedor de laranjas na beira da estrada? Limpando seu para-brisa? Não exatamente. Corporações que transferem suas operações para o exterior a fim de economizar dinheiro com mão de obra e impostos — *elas* que eliminam seu emprego. Empresas que dispensam funcionários apenas alguns anos antes da aposentadoria — *elas* são as culpadas. Ou as empresas que só contratam trabalhadores de meio período para manter seus salários baixos enquanto os CEOs recebem generosos bônus de que não precisam — elas que roubam *seu* trabalho. Os imigrantes não têm nada a ver com isso.

Algumas indústrias norte-americanas que se realocaram no exterior podem nunca mais voltar, é verdade, mas outros tipos de negócios estão prontos para serem reinventados e reinstalados no país — com visão e liderança de primeira linha, é claro.

A ironia, comentei com meus colegas de táxi, é que "os imigrantes não estão vindo para cá. Eles permanecem onde estão, trabalhando". Com o teletrabalho e todas as maneiras pelas quais as empresas conseguem operar remotamente, eles não precisam vir até os Estados Unidos para competir conosco pelos mesmos empregos. E a competição global por certos empregos — digamos, nas áreas de tecnologia e atendimento ao cliente — estava ficando cada vez mais acirrada.

"Está me entendendo?", tive que perguntar a Brooke, que parecia estar acompanhando tudo até agora.

"Sim, acho que você está tentando dizer que não há espaço para meio-termo. É preciso ser um profissional de primeira linha. Ser mediano não vai funcionar."

Quando seu filho ou neto lhe devolve os ensinamentos transmitidos por você como se fossem deles, é algo mágico.

A escolha de buscar a excelência é ainda mais importante agora. "Você tem que escolher se será aquele que assina na frente ou no verso do cheque."

Nosso motorista, que ainda não havia revelado seu nome, ficou muito empolgado com a explicação. "Cara, isso é demais, porque se você assinar na frente significa que é o chefe, se assinar atrás, está apenas descontando o cheque."

Minha neta também pareceu gostar da explicação, mas o que mais desejava era descobrir as etapas específicas para se tornar uma pessoa de primeira linha.

"Tudo bem", eu disse. "Tenho algumas sugestões. Mas, antes de mais nada, você precisará fazer um inventário de suas habilidades, talentos e expertise de primeira linha."

Brooke aprovou meu resumo dessa primeira etapa. Pronta para os detalhes, ela me lançou o seu já familiar olhar de interesse com uma sobrancelha levantada. "Continue", disse em voz alta.

* * *

Tudo o que aprendi a respeito de como me tornar uma pessoa de primeira linha e desenvolver as habilidades necessárias para essa busca começou com meu tio Henry e sua caixa de apetrechos de pesca. "O que a maioria das pessoas não entende é que as habilidades, assim como os sonhos, são transferíveis..."

"Com licença", interrompeu educadamente o motorista. "Você disse caixa de *apetrechos*?"

Brooke ecoou a pergunta. Nenhum deles aprendera a pescar. Mesmo assim, comecei a me lembrar de como o tio Henry costumava me levar para pescar, carregando uma caixa cheia de todos os tipos de apetrechos que um pescador de primeira linha desejaria, mas só precisaria se surgisse uma situação particular. Havia de tudo lá: tipos específicos de pesos de chumbo, anzóis e linhas extras, diferentes tipos de boias, algumas iscas, chumbadas, minhocas de plástico e cortadores para remover um anzol da boca de um peixe ainda na linha, além de ferramentas extras como alicates de ponta fina e suprimentos de primeiros socorros.

Tudo o que um pescador experiente acumula ao longo de uma carreira estelar de pesca geralmente fica armazenado na caixa de apetrechos. Em algum momento, você ficará feliz por ter carregado todo aquele equipamento especial que nunca usou antes. É por isso que um inventário pode ser útil.

Minha melhor analogia foi o canivete suíço. "Você não usa todos os diferentes canivetes, limas e apetrechos, mas, de repente, aparece uma emergência e você é o único que tem um abridor de garrafas."

Brooke e o motorista estavam assimilando as informações. Então, verificaram se o significado era que a caixa de apetrechos contém tudo que você já aprendeu na vida, e que um determinado conhecimento pode ser necessário muitas vezes ou raramente, mas tudo está sempre lá.

"Isso mesmo", falei. "Na época, você pode não ter se dado conta de que a professora que lhe pedia para levantar e ler em voz alta na classe estava preparando-o para uma carreira em vendas ou como palestrante. Na ocasião, pode não ter percebido que a professora que exaltava sua aptidão para matemática, mas lhe dizia que você ainda precisava aproveitar todo o seu potencial, estava preparando-o para se tornar um profissional de finanças de primeira linha."

"Isso aconteceu com você?"

"Ah, sim, no oitavo ano. Ela era professora de matemática e foi de uma franqueza brutal."

Em uma época em que meu maior sonho era me tornar Miles Davis, ela me disse categoricamente: "Chris Gardner, se você não se esforçar em álgebra, o único trabalho que conseguirá na vida será como motorista de ônibus." Mais tarde em minha carreira, trabalhei de perto com organizações que representam motoristas de ônibus, e muitos deles ascenderam à condição de líderes de sindicatos e agências de transporte de primeira linha. Essa professora não deveria ter menosprezado os motoristas de ônibus. No entanto, o que ela queria me dizer é que dirigir ônibus não me levaria aos lugares para onde eu desejava ir. Ela me provocava e até me chamava de "ônibus". Ao me ver no corredor, dizia: "Ah, lá vem o ônibus."

O sarcasmo dela funcionou porque eu me saí bem em álgebra, e essas habilidades superiores em matemática foram colocadas em prática mais tarde nas minhas atividades de Wall Street. Professores mudam vidas — como a Sra. Mertz, minha professora de educação cívica do ensino médio, que tornou o resto de minha vida possível.

Brooke sabia um pouco de educação cívica por causa de seu plano de um dia chegar ao mais alto cargo político do país. Mas nem ela nem nosso motorista sabiam que houve um tempo na educação pública dos Estados Unidos em que éramos obrigados a aprender os fundamentos da educação cívica — começando na escola fundamental e, em geral, mais um ano de aula no ensino médio.

Aprendíamos sobre a Constituição, sobre os três poderes do governo, sobre o serviço público e sobre a importância de votar e participar de nosso processo eleitoral nas esferas local, estadual e nacional. Éramos ensinados que votar era um direito *e* uma responsabilidade. Como jovens cidadãos, aprendíamos na escola que cada um de nós tinha um papel a desempenhar nas questões cívicas. Entendíamos a conexão entre o engajamento cívico e uma economia forte. A Sra. Mertz enfatizava que a forma como tratamos uns aos outros reflete quem somos como indivíduos — criando uma comunidade mais rica, vibrante e coesa. Também aprendíamos os valores da igualdade, mesmo que ela não seja concretizada para todos, e os ideais do sonho americano.

Todo meu aprendizado sobre a promessa de acesso igualitário à vida, à liberdade e à procura da felicidade teve início em minhas aulas de educação cívica. Talvez não tenha percebido como meus professores me influenciariam ao longo da minha vida, mas eu sabia que eram heróis. Eles incutiram em mim o princípio básico de que tornar-se uma pessoa de primeira linha começa com o desenvolvimento de habilidades de primeira linha. Mais tarde, quando surgiram oportunidades que exigiram que eu me esforçasse, essas lições fundamentais estavam na minha caixa de apetrechos. Além disso, meu apreço pelo trabalho dos educadores me ajudou quando busquei clientes institucionais, como sindicatos de professores e outras organizações educacionais em nível municipal, estadual e nacional.

Um de meus primeiros clientes institucionais foi o Fundo de Pensão dos Professores de Chicago. Os fundos de outras cidades viram nosso histórico e seguiram o exemplo — em Illinois, Missouri, Kansas e além. Tive a sorte de conhecer Randi Weingarten, ser humano, educadora, advogada e líder trabalhista de primeira linha que se tornou presidente da Federação Unida dos Professores e, posteriormente, da Federação Americana de Professores. Como meu apreço pelo trabalho dos educadores já estava em minha caixa de apetrechos, eu falava a mesma língua que ela e cultivava a expertise para as necessidades de investimento de seus membros. Além disso, em minha caixa de apetrechos havia uma compreensão dos princípios do trabalho organizado — graças aos meus tios, que eram todos orgulhosos membros do sindicato. Ter essas experiências foi útil para investir as pensões sindicais de milhões de educadores. Meu trabalho em prol de três milhões de membros da Associação Nacional de Educação elevou a Gardner Rich & Company a um patamar de primeira linha.

A cada ano, quando a Associação Nacional de Educação realizava sua conferência anual, eu tentava me esmerar em demonstrar toda minha gratidão. Minha mãe, minha professora número um, enfatizava todas as formas de boas maneiras — a começar pela gratidão. Ela me lembrava que existem três frases que quase não exigem esforço para serem ditas e que podem ser mais poderosas do que a diplomacia de alto nível: "Por favor", "Obrigado" e "Sinto muito". Boas maneiras de primeira linha não são um item insignificante para carregar em sua caixa de apetrechos. A minha maneira de dizer "obrigado" à Associação Nacional de Educação era conceder prêmios em dinheiro a um ou dois professores anônimos na conferência anual e organizar grandes festas para todos os membros. O mais divertido para mim era escolher o melhor entretenimento do mundo da música. Bem, em razão de todo tempo que passei aspirando a ser Miles Davis e tentando desenvolver habilidades de primeira linha para tocar jazz, levei alguns dos melhores artistas para se apresentar. Esses gostos e talentos para encontrar o melhor entretenimento também estavam na minha caixa de apetrechos.

Depois, houve as lições da época em que não tínhamos onde morar e outras experiências desafiadoras em minha vida que definitivamente levaram ao desenvolvimento de habilidades, talento e expertise de primeira linha.

Nosso motorista relatou que havia passado por momentos difíceis e questionou se as coisas que havia aprendido poderiam estar em sua caixa de apetrechos.

"Sim, com certeza", assegurei. "Você pode estar a caminho da obstinação, da resiliência ou do desenvolvimento de instintos de primeira linha. Ou da bondade de primeira linha. Ou da paciência. Ao fazer um inventário dessas lições, você se surpreenderá com a quantidade de material valioso que já tem." O melhor exemplo que pude oferecer foi uma oportunidade que recebi há não muito tempo de ser consultor de um grande sistema de trânsito municipal.

Brooke adivinhou aonde a história chegaria. "O BART?", deixou escapar.

"Sim, o BART!", confirmei. Na reunião, não revelei que houve um tempo em que eu era sem-teto e morava nos trens do BART com meu filho pequeno. No entanto, quando começamos a falar sobre cada faceta da operação das diferentes linhas e a quantidade exata de tempo que levava para viajar de uma estação a outra, eles ficaram chocados com minha expertise de primeira linha.

Uma centelha de compreensão surgiu no rosto de Brooke. "Ah, agora entendo quando você diz que as habilidades são transferíveis. Mas como os sonhos são transferíveis?"

"Boa pergunta", disse o motorista.

Para responder, decidi retomar trechos de uma história já contada anteriormente, pedindo a ajuda de minha discípula.

* * *

Vale a pena repetir que toda a minha carreira no mundo de Wall Street foi possibilitada por um pôster no centro de recrutamento em Milwaukee que ostentava a promessa ENTRE PARA A MARINHA, CONHEÇA O MUNDO. Além do meu sonho de um dia me tornar uma pessoa de primeira linha em algo, minhas maiores motivações eram o desejo de viajar e a necessidade de me afastar o máximo possível de Milwaukee.

Brooke me lembrou: "E você tinha acabado de assistir ao filme *A Última Missão*, com Jack Nicholson, e amou o uniforme." Ela conhecia bem a história.

Na minha imaginação, eu sonhava em jogar minha mochila de marinheiro para dentro de um famoso navio de guerra da Marinha, pular a bordo e navegar para praias distantes. Em vez disso, tive de ir primeiro ao campo de treinamento da Marinha e, depois, para minha especialização como profissional de saúde, acabei em Illinois, no centro de treinamento dos Grandes Lagos — a noventa minutos de Milwaukee. Que desilusão. Mas às vezes essas desilusões, desvios de trajeto e decepções o levam exatamente onde você precisa estar para desenvolver as habilidades de primeira linha necessárias para avançar ao próximo ponto em sua jornada.

Quando analisei minhas oportunidades na Marinha, a primeira porta que se abriu foi a de me tornar um profissional do corpo de saúde. Foi a primeira vez que percebi que as habilidades podem ser transferidas.

Brooke explicou ao nosso motorista: "É porque o primeiro emprego dele de verdade foi como auxiliar de enfermagem no lar de idosos Hearthside, e ele adquiriu algumas habilidades lá."

Empurrar cadeiras de rodas e lidar com comadres não parecia algo que exigia talento ou expertise, mas a verdadeira experiência que obtive foi ao ajudar a alimentar e dar banho nos idosos, bem como garantir que fossem respeitados. Havia um senhor, com declínio cognitivo avançado, que mal se lembrava da própria família, mas de alguma forma se afeiçoou a mim. Sempre que eu o alimentava ou trocava sua roupa de cama, ele batia continência e murmurava uma saudação. Sabia algo sobre meu futuro que nem eu sabia. O trabalho me ensinou paciência e foco, e me deu uma base para entender a medicina. Minhas habilidades foram transferidas facilmente para o treinamento médico que recebi na Marinha, e me formei como o primeiro da classe — o que me deu o direito de preencher algo chamado "planilha dos sonhos".

Brooke ainda não tinha ouvido essa parte, mas estava ansiosa para saber o que era uma planilha dos sonhos.

Era uma lista de desejos oferecida apenas aos mais bem graduados do programa de treinamento médico. Tínhamos que preenchê-la com nossa primeira, segunda e terceira opções de lugares onde desejávamos ser realocados. Optei pelos três locais mais quentes e paradisíacos possíveis: Havaí, Bahamas e Japão. Com a certeza de que iria para, pelo menos, um deles, decidi sair com alguns dos rapazes para comemorar pouco antes de saber qual seria meu destino real. Péssima ideia. Quando fui pego retornando sorrateiramente para a base após o toque de recolher, lá se foi minha elegibilidade para ser enviado a um daqueles destinos dos sonhos. Em vez disso, acabei em Camp Lejeune, em Jacksonville, Carolina do Norte.

Brooke ainda não sabia desse episódio de autossabotagem. Seu olhar de decepção me levou a dizer: "Foi uma coisa boa. Porque até mesmo seus erros e seus passos em falso lhe dão lições e conhecimentos que são úteis mais tarde." Além disso, continuei, Camp Lejeune era exatamente onde eu deveria estar. Foi lá que conheci o cirurgião cardiovascular de primeira linha que acabou me levando a São Francisco. Foi onde aprendi lições e tive algumas experiências que nunca teriam sido possíveis se não estivesse lá naquele momento da minha vida.

Ao aprender que as habilidades podem ser transferidas, descobri a chave para torná-las habilidades de primeira linha. "Você as transfere para algo pelo qual tem ainda mais paixão."

O motorista olhou por cima do ombro. Ele ainda tinha uma pergunta:

"E o que acontece quando você trabalha em dois empregos, não tem dinheiro, não tem tempo de ir à faculdade e obter as habilidades para essa transferência?"

Eu já tinha ouvido diversas versões dessa preocupação por todos os lugares para os quais viajei. Esse é o clássico dilema, e pensei em quais seriam as alternativas. Uma jovem que galgou sua posição no escritório do sindicato das enfermeiras sempre sonhou em ser enfermeira, mas não conseguia encontrar os meios para obter o treinamento. Quando decidiu sair em busca de uma solução, descobriu que o sindicato tinha um programa que pagava para ela voltar a estudar enquanto trabalhava.

Conheci um jovem que era recepcionista de um hotel, mas esse não era o seu sonho. Ele me confidenciou que cresceu desejando ser um chef de fama internacional e um dia abrir o próprio restaurante. Minha sugestão a ele foi explorar a possibilidade de ingressar no Exército.

De pronto, Brooke perguntou: "O que ele disse?"

"Aquele jovem olhou para mim como se eu tivesse duas cabeças!" Mas ouviu atentamente quando contei que as forças armadas têm *todas* as profissões existentes no mundo civil. Em um porta-aviões, digamos o *USS Abraham Lincoln*, há cerca de 4 mil marinheiros que precisam comer quatro refeições diárias. Faça os cálculos. Como cozinheiro naquele navio, ele estaria servindo 16 mil refeições por dia!

Vamos um pouco além. Digamos que o navio fique em alto-mar por seis meses — 180 dias, isso significa quantas refeições? São 2.880.000! Se seguisse o caminho da Marinha, esse jovem não apenas desenvolveria habilidades culinárias superiores, mas também teria expertise excepcional em gerenciamento de tempo, alocação de ativos e planejamento de eventos. Para alguém que sonhava em ser um chef de fama internacional e dono de restaurante, esse caminho oferecia muitas vantagens.

"Veem como habilidades e sonhos são igualmente transferíveis?"

"Sim!", Brooke e o motorista responderam em uníssono.

"Você sabe onde eu realmente desenvolvi habilidades de primeira linha?", pisquei para minha neta, pois ela já sabia o que estava por vir.

"Você era... hum... especialista em proctologia."

"Exatamente. Não precisamos entrar em detalhes, mas digamos que comecei por baixo. Camp Lejeune, naquela época, era a maior base do Corpo de Fuzileiros Navais do mundo! Sessenta mil fuzileiros navais! Isso significa um bocado de traseiros! Eu tenho muita prática!"

"Vovô!", protestou Brooke. Nosso motorista caiu na gargalhada.

É verdade. Se quiser entender as pessoas e aprender a falar com elas e ouvi-las, a proctologia é a melhor maneira de desenvolver essas habilidades. Tornei-me tão bom no meu trabalho que podia drenar um abscesso e almoçar ao mesmo tempo.

Brooke e o motorista protestaram dessa vez.

Nada no universo infinito de experiências poderia ter me preparado melhor para a gama de pessoas exigentes que encontraria quando chegasse a Wall Street. Não havia situação que eu não tivesse vivido antes.

Sim, lidar com pessoas estressadas é uma grande habilidade transferível. Um dos incidentes mais memoráveis foi o momento em que um arrogante superpiloto Classe A da Marinha — um coronel full, o tipo com todas as medalhas e prêmios — apareceu em uma sexta-feira com um grande problema. Antes mesmo de poder fazer um procedimento, eu disse: "Vamos ter que diminuir o inchaço. Vou lhe prescrever alguns supositórios e você pode tomar um banho de assento. Isso deve aliviar o inchaço e ajudá-lo a se sentir confortável o suficiente para evacuar. Volte na segunda-feira."

Ao sair, ele parecia ter relaxado um pouco, por isso fiquei surpreso quando, na segunda-feira, entrou na minha sala como um furacão, junto com a esposa, gritando que exigia falar com meu comandante. Ambos me olharam como se dissessem: *Você não é um médico de verdade! E ainda por cima é negro!* Esse coronel estava tão irado que pretendia me aplicar uma punição disciplinar e requisitar minha substituição. Acontece que meu comandante estava ocupado naquele momento, de modo que o coronel e a esposa tiveram que sentar e bufar na sala de espera. Por fim, ele perdeu o controle, deu um pulo e me confrontou, dizendo: "Você não sabe o que diabos está fazendo. Não deveria estar aqui. Esses comprimidos fizeram tanto efeito quanto se eu tivesse os enfiado no traseiro!"

O autocontrole necessário para não gargalhar foi enorme. Ele havia tomado supositórios retais por via oral. Não admira que sua bunda ainda estivesse doendo. Educada e calmamente, mostrei-lhe as instruções na embalagem do supositório, explicando: "Senhor, sabe esses comprimidos que tomou? Eles *são* feitos para uso retal para aliviar a dor e o inchaço." A esposa naquele momento parecia querer dizer *eu avisei*, mas se conteve.

Ele voltou atrás no plano de me aplicar uma punição disciplinar e sobrevivi para contar a história. A lição que aprendi ao controlar minhas reações foi adicionada à minha caixa de apetrechos e usada inúmeras vezes nos meus negócios em todos os níveis de minha carreira em Wall Street. Atendi um cliente pelo telefone durante anos, um empresário texano do ramo petrolífero que não fazia ideia de que eu era afro-americano e me contava as piadas mais racistas e ofensivas que você pode imaginar. Nos últimos anos, sempre que comentei sobre esse cliente, fui criticado por não denunciá-lo ou, pelo menos, por não me recusar a ser submetido a um ambiente de trabalho hostil.

Embora entenda e apoie qualquer pessoa que se posicione contra a retórica racista aberta ou dissimulada — seja intencionalmente agressiva, acidental ou mesmo do tipo expressado por meio de microagressões inconscientes —, eu não podia me dar ao luxo de perder o negócio. Conforme expliquei ao nosso taxista e à minha neta: "Não era minha hora de cantar 'Venceremos'*. Eu tinha acabado de desbravar com muito esforço meu caminho para fora da sarjeta, com o fardo de cuidar de um bebê. Era hora de ganhar dinheiro..."

Muitas vezes minha vontade era desligar o telefone, mas eu precisava provar algo. Se quisesse ser um profissional de primeira linha em ganhar dinheiro para clientes, um dos desafios seria revelar a verdade e descobrir o que realmente importava para esse empresário. Ele escolheria manter sua ignorância racista ou mudar seu preconceito graças ao retorno impressionante que eu obtinha em seus investimentos?

Dizer que esse empresário texano ficou chocado quando nos encontramos pela primeira vez seria um eufemismo. Acredite ou não, enquanto se levantava e olhava boquiaberto para mim, ten-

---

* No original, "We Shall Overcome", de Peter Seeger, música que se tornou hino do movimento dos direitos civis. (N. da T.)

tando pensar no que dizer, ele recebeu a boa e velha lição pela mão de Deus. Pareceu gostar *mais* de mim. Não, ele não se curou completamente de seus modos racistas, mas acho que mudou um pouco. Na verdade, acho que pensaria duas vezes antes de se divertir contando piadas baseadas em estereótipos raciais. A partir de então, sua atitude comigo mudou e ele começou a contar — como era de se esperar — piadas clichês!

A moral da história é que não se tratava de preto ou branco. Era uma questão de verdinhas!

"Sim", disse nosso motorista. "É tudo uma questão de grana."

"Ah, *essas* verdinhas", Brooke entrou na conversa.

As verdinhas são poderosas. Eu estava ganhando dinheiro para aquele homem, mudando parte de sua intolerância e aprimorando minhas habilidades e renda ao administrar sua conta. Desde tempos imemoriais, diferentes grupos de pessoas com vieses e preconceitos se encontram para um aperfeiçoamento mútuo — como parceiros comerciais, como coabitantes do mesmo bairro ou do território cada vez mais conectado do planeta Terra.

Essa lição sobre o poder das verdinhas foi outra razão pela qual passei a acreditar que precisávamos ensinar educação financeira desde cedo para incentivar mais jovens negros a seguirem carreiras no mundo dos negócios. Novamente, todas as experiências armazenadas em minha caixa de apetrechos me ajudaram a desenvolver a expertise necessária para realizar o sonho de abrir minha própria empresa e me tornar um empresário de primeira linha. Devo essas habilidades em grande parte à Marinha e, indiretamente, à proctologia.

Havia outra habilidade e outro sonho importantes e transferíveis que levei da Marinha para meu treinamento cirúrgico e de pesquisa no Departamento de Assuntos de Veteranos, depois transferindo-os para meu próprio negócio em Wall Street e além. Era uma crença no valor do serviço público. Com o passar dos anos, agradeci cada vez mais por ter tido a chance de servir a meu país nas forças armadas. Nem todo mundo é feito para o serviço militar, mas há muito tempo minha concepção é de que todo cidadão deveria passar alguns anos servindo em uma posição que faça diferença para os outros — seja nas forças armadas, na Peace Corps, na Teach For America, na Habitat for Humanity ou em qualquer uma das muitas organizações que lutam contra os efeitos das mudanças climáticas ou ajudam a reconstruir comunidades após desastres ambientais. Mesmo nos períodos econômicos mais difíceis, acredito que os maiores recursos dos Estados Unidos são nossos recursos *humanos*: nossa força de trabalho diversificada, multicultural, multiétnica e multigeográfica. As habilidades, o talento e a expertise que temos em nossa caixa de apetrechos coletiva também são transferíveis.

Concluí minha explicação dizendo: "Essa é a magia da transferência de sonhos que começam pequenos, até mesmo insignificantes. Você pode esquecê-los e, então, acordar um dia e perceber que se transformaram em algo muito maior."

Meu celular, que nosso motorista teve a gentileza de recarregar, de alguma forma ligou e começou a apitar loucamente, um sinal de que eu tinha mensagens de voz e de texto se acumulando. Ele me devolveu o telefone e eu prontamente o desliguei. Ainda havia muito a falar sobre as habilidades de primeira linha.

CHRIS GARDNER E MIM EICHLER RIVAS **157**

* * *

Quando nos aproximamos de nosso destino, o motorista comentou que achava que mais pessoas deveriam dedicar um tempo a analisar sua caixa de apetrechos. Ele me fez pensar em outra coisa — que também é importante manter suas habilidades e seus talentos atualizados. Claramente, a tecnologia havia me dado uma surra o dia todo. Quase ficamos presos Além da Muralha com um celular descarregado. A maioria dos motoristas em Chicago, assim como o nosso, mantém suas corridas regulares de táxi e também dirige para os aplicativos de transporte. Todo mundo está batalhando. Todo mundo tem que continuar relevante.

Na verdade, para todos nós que não passamos nossos anos de formação diante de telas, mas que agora somos forçados a nos reinventar, a permissão para sonhar pode exigir cursos de atualização e retornos à escola. Se aprendi alguma coisa sobre permanecer jovem e atual, sobre como me manter atualizado com a tecnologia e a cultura, tinha que dar o crédito à pessoa que mais me inspirou essa consciência: ninguém menos que a falecida Dra. Maya Angelou. Ela podia citar Aristóteles e Jay Z na mesma frase. Podia bailar o foxtrote e ensiná-lo a dançar o hip-hop.

A Dra. Angelou foi quem me convenceu de que, em cada idade, estamos sempre refinando, transpondo e reinventando nossos sonhos. Por exemplo, quando lhe contei meu desejo de ser Miles Davis e o quanto eu queria me tornar um trompetista de primeira linha, ela me respondeu: "Você *é* Miles Davis. Só está tocando um instrumento diferente."

Durante o primeiro ano após a morte de Holly, visitei Maya Angelou com frequência em sua casa na Carolina do Norte. Ela também sabia que seus dias estavam contados. Ainda assim, soltou sua gargalhada vibrante e melodiosa quando lhe contei sobre a Hora Atômica e como Holly havia confundido a palavra "automática" com "atômica". Ela concordou com a afirmação de Holly de que eu precisava decidir o que fazer com meu recurso mais precioso, o tempo. Angelou estava preocupada com o ritmo de minhas palestras e com o fato de eu não ter me permitido sofrer por inteiro.

Brooke tinha ouvido falar sobre minhas últimas visitas à Dra. Angelou, mas percebi que talvez nunca tivesse ouvido a história de como, quando menina, ela ficou sem falar por cinco anos. Com cuidado, contei em termos gerais o trauma que Angelou sofrera aos oito anos — ser estuprada pelo namorado da mãe e, após relatar o que havia acontecido, chegar à falsa conclusão de que, ao dizer a verdade, era a culpada pelo homem ter sido espancado até a morte.

Durante esses cinco anos, ela permaneceu quase completamente em silêncio, exceto por algumas palavras ditas ao irmão. Naquela época, teve a sorte de ter um professor que a encorajou a ir à biblioteca e ler história e literatura escritas por mestres de primeira linha em todos os gêneros. "Imagine como estudar as habilidades de primeira linha de romancistas, dramaturgos, historiadores, filósofos, escritores políticos e poetas a ajudou a desenvolver suas próprias habilidades e talentos. Só podemos imaginar como seus sonhos de ser capaz de fazer o mesmo que eles a impulsionaram adiante." Quando ela finalmente falou de novo, seu professor a encorajou a ler sua poesia em voz alta, pois essa era a única maneira de ouvir o que tinha a dizer. A partir de então, Angelou sempre teve algo a dizer.

Isso, sim, são habilidades, talento e expertise transferíveis! Isso, sim, são sonhos transferíveis!

Qualquer tentativa de limitar as realizações dos sonhos da Dra. Angelou a uma única esfera seria impossível. Ela escreveu 36 livros, dos quais 30 se tornaram best-sellers. Poetisa, memorialista e jornalista premiada, também escreveu ensaios, peças e roteiros de filmes e televisão. Além disso, era atriz, diretora, produtora, dançarina e cantora espetacular (na década de 1950, ela teve um pequeno papel na ópera *Porgy and Bess* que percorreu o mundo). Foi uma proeminente ativista dos direitos civis que trabalhou ao lado do Dr. King e da Conferência da Liderança Cristã do Sul, bem como com Malcolm X. Foi uma professora universitária que recebeu mais de 73 títulos honoríficos.

Em todo o tempo que passou na biblioteca, sonhando e viajando em sua mente, a Dra. Maya Angelou aprendeu a reduzir todas as limitações até chegar no que era possível. No final da adolescência, quando sua mãe mudou a família para São Francisco, Angelou decidiu se tornar a primeira condutora de bonde negra. Por quê? O que a fez desejar ser uma condutora de bonde de primeira linha? Aparentemente foi o uniforme! E então foi isso que ela fez. Ah, eu entendo. Os sonhos têm que começar em algum lugar.

Brooke se endireitou no assento, surpresa. "Você nunca me disse que ela fez tudo isso. E tudo começou com suas visitas à biblioteca?"

Sem responder, tive um lampejo de memória e também me endireitei no assento. "Você sabe o que sua bisavó costumava me dizer sobre a biblioteca pública? Ela dizia que era o lugar mais perigoso que existia, pois você podia entrar e aprender a fazer qualquer coisa. Se deseja ser um profissional de primeira linha, vá para a biblioteca. Tudo o que aprender se acumulará em sua caixa de apetrechos."

Por um momento, tive que fazer uma pausa, fechar os olhos, respirar fundo e deixar que as memórias de três das influências mais importantes na vida — todas já falecidas — tomassem conta de mim: tio Henry; minha mãe, Bettye Jean Gardner Triplett; e a Dra. Maya Angelou.

Quando abri meus olhos novamente, essas memórias flutuaram para longe e ouvi a voz de Holly, me lembrando de que o tempo estava passando. O que eu faria com a hora atômica que me restava?

Para alguém que partiu há quase cinco anos, ela parecia tão presente como sempre, dizendo tão claro como o dia: *Responda.*

OITO

A REPUTAÇÃO, O RAP E O ROLODEX

Só para provar o quanto eu estava transformado, decidi que nosso motorista nos levaria de volta à loja de música. Partiríamos *novamente* para Além da Muralha. Lá fora ainda parecia a Sibéria, mas a chuva e a neve haviam cessado. Às 14h de um dia de semana, as ruas congeladas e desertas pareciam prestes a testemunhar um duelo entre dois Abomináveis Bonecos de Neve.

Essa mudança de planos foi uma sugestão de minha neta. Brooke explicou que sua fome estava sob controle por enquanto e ela queria ter certeza de que conseguiríamos retornar — caso precisássemos. No começo resisti, mas depois concordei. Por que não? Dessa forma, eu teria mais uma oportunidade de enfrentar algo que me permiti temer por tanto tempo, sem necessidade. O desconhecido agora era um pouco mais conhecido.

Nosso retorno ao Extremo Norte também nos daria quinze minutos extras, durante os quais eu poderia explicar outra técnica útil para comunicar, vender e/ou promover seu sonho. É uma ferramenta, anunciei, desenvolvida pelo aprimoramento dos 3Rs.

"Aprimoramento?", quis saber Brooke. "O que são os 3Rs?"

"Você não conhece? Não te ensinaram a música na escola?"

Nosso motorista também não tinha certeza se conhecia. Mas então se lembrou de seus avós perguntando sobre as tarefas escolares e algo sobre os 3Rs.

Agora eu estava me sentindo um ancião. Digamos que as pessoas da minha idade ou mais velhas se lembrem dos 3Rs originais — leituRa, escRita e aRitmética. A frase se origina de um brinde feito por Sir William Curtis em um jantar, em 1795; cerca de cem anos depois, surgiu uma música mencionando essa tríade de habilidades, que todos nós tínhamos que cantar.

"Então", anunciei, "resolvi compor uma nova tríade de habilidades que chamei de a Reputação, o Rap e o Rolodex."

Tendo capturado a atenção deles, expliquei em detalhes. Na ordem.

Se você deseja apresentar seu sonho, seu plano, sua necessidade de investimento ou de apoio, ou compartilhar sua visão para obter orientação, apoiadores, seguidores e fãs, os 3Rs são indispensáveis. Em termos simples, as perguntas abrangidas por esses Rs são: *quem* é o sonhador; *o que* melhor comunica o sonho; e *como* o sonho se conecta a outras pessoas?

A REPUTAÇÃO

É importante ter uma reputação de excelência tanto em seus negócios quanto em seus relacionamentos pessoais. O que as pessoas dizem sobre você na sua ausência? Nunca comprometa sua reputação. Uma vez comprometida, é difícil restaurá-la. Você pode se apresentar com a reputação maculada ou reluzente como a de uma estrela do rock! Nunca é cedo demais para começar a criar, viver ou ostentar uma reputação estelar.

O RAP

É preciso ser capaz de se comunicar em qualquer meio. Você pode ter as melhores mercadorias, serviços ou produtos do mundo, mas, se não conseguir comunicar sua ideia, nunca vai vendê-la!

O ROLODEX

Como precisei explicar para Brooke e para o nosso motorista, o Rolodex — também conhecido como arquivo de índice rotativo — é o que todos nós tínhamos em nossos escritórios antes dos smartphones. É a sua agenda de contatos, mas, na verdade, me refiro aos seus relacionamentos, que podem ser mais importantes do que dinheiro, em vários níveis. Meus sonhos se tornaram realidade por causa de meus relacionamentos.

Alguns sonhos não precisam ser compartilhados, vendidos ou comunicados, é verdade; entretanto, quando se trata de realizar sonhos que envolvem competição com outras pessoas, eles precisam, sim. Mesmo assim, assegurei a Brooke e ao nosso motorista que a competição pode ser sua amiga.

Brooke pareceu intrigada por um momento e então concordou. "Acho que você tem razão. Sabe, em um campeonato, apenas uma pessoa pode ser a melhor jogadora."

"Correto." Então eu disse a eles que, em um setor competitivo onde todos são bons, a diferença entre você e seu maior concorrente é muito pequena. Nesse contexto, seu Rolodex — seus relacionamentos — é o ativo mais valioso dentre os 3Rs. Ofereci alguns exemplos.

Os relacionamentos levaram a Gardner Rich & Company à liga principal. Viemos do nada, mas conseguimos permissão para participar de bilhões de dólares em transações com títulos, pois sempre cultivei relacionamentos. Foram eles que me permitiram ter conhecimento e acesso ao capital e aos demonstrativos financeiros de alguns dos maiores bancos de investimento de Wall Street.

Não importa qual sua área ou seu foco, os relacionamentos podem ajudá-lo a ganhar tração e impulso. São os relacionamentos que, por meio de um telefonema, podem facilitar ou forçar a abertura de portas que permaneceriam fechadas.

Os relacionamentos também proporcionam informações privilegiadas. E informação pode ser a moeda mais valiosa em certos setores. Conhecer pessoas pode lhe oferecer uma vantagem. Assim você saberá a quem recorrer, se necessário.

Novamente, em um mundo de competição global, onde todos os jogadores são bons e onde as oportunidades podem ser escassas, só realiza os sonhos aquele que criou, nutriu, investiu, valorizou e preservou os melhores relacionamentos.

Eu estava tão animado em compartilhar os 3Rs que nem me preocupei com nosso retorno ao território desconhecido naquela parte da cidade.

Brooke me olhou com ar de surpresa e deleite. "Sério, Vovô Urso?", desafiou. "A Reputação, o Rap e o Rolodex significam tanto assim?"

Sem hesitar, respondi: "Veja o meu exemplo. Elimine todos os meus ativos. Deixe apenas os novos 3Rs. E farei como Bruno Mars. 'Não acredite em mim, apenas observe!*'"

Nosso motorista tinha essa música em sua playlist e colocou para tocar. No refrão começamos a cantar, todos juntos.

Na paisagem do lado de fora do táxi, nada parecia familiar. Estávamos perdidos de novo?

Brooke, em uma tentativa de me distrair, desviou minha atenção para os 3Rs, perguntando de onde eles surgiram.

Contei a ela que, há alguns anos, surgiu a oportunidade de uma reunião com um grupo de veteranos de várias idades. A maioria tinha vivenciado o desemprego e a situação de rua, mas estava recolocando a vida nos eixos, a começar com a permissão para sonhar. Alguns estavam entrando no mercado de trabalho civil pela primeira vez; alguns focavam o desenvolvimento de habilidades subutilizadas, esquecidas em sua caixa de apetrechos; ou-

---

* No original, "Don't Believe Me Just Watch!". (N. da T.)

tros esperavam iniciar negócios próprios ou requalificar-se para carreiras inteiramente novas. Muitos deles, na verdade, queriam saber de mim como se apresentar perante outras pessoas — para entrevistas de emprego ou reuniões com potenciais investidores. Todos desejavam saber como abrir as portas certas, dizer as coisas certas e se conectar com as pessoas certas.

A Reputação, o Rap e o Rolodex eram ferramentas que eu empregava o tempo todo, mas, antes dessa reunião com o grupo de veteranos, nunca precisei explicá-las passo a passo. Eles também me ajudaram a perceber algo que deixei passar. Seu Rolodex de relacionamentos não deve conter apenas conexões com as pessoas certas que podem ajudá-lo. Também deve conter conexões com as pessoas certas a quem você pode ajudar.

Nosso motorista interrompeu espontaneamente: "Isso é poderoso." E me perguntou se eu não me importaria em explicar a Reputação e o Rap de novo.

Brooke também me incentivou.

A Reputação é algo que poucos jovens de fato entendem. Por exemplo, muitas empresas compilam um livro sobre seus funcionários. Na era da internet, sobretudo na política ou em empregos públicos, esses livros são compilados rapidamente. Antes mesmo do Google ou de outros mecanismos de busca, em Wall Street e em vários ambientes corporativos, esse livro, contendo registros de seu desempenho prévio, pode ser verificado.

"Veja o caso do beisebol", continuei. "Quando o arremessador assume a posição para enfrentar um rebatedor, há um livro inteiro sobre o histórico de rebatidas daquele jogador, já estudado pelo arremessador. Pelo livro, um arremessador de primeira linha saberia que aquele jogador tende a rebater a bola pelo lado; não rebate além de uma determinada faixa na zona de rebatida; ou que é suscetível a uma bola rápida."

Antigamente, muitos recrutadores de empregos reuniam dados para criar livros sobre os candidatos. Isso mudou com o advento das mídias sociais. Se você é um jovem sonhador que aspira ser de primeira linha no contexto profissional, pode até esquecer que agora existe um livro que compila todas as suas atividades no mundo virtual. Você pode ter o melhor currículo e um histórico acadêmico estelar que mostre que se formou como o primeiro da classe. Pode ter trabalhado anos em cargos de destaque em determinados setores. Talvez tenha cartas de recomendação impecáveis de seus professores, empregadores e colegas de trabalho. Pode fazer uma entrevista brilhante. Entretanto, no minuto em que sair da sala, o primeiro lugar em que os recursos humanos ou outros tomadores de decisão olharão será seus perfis de mídia social. Você pode ter pensado que aquele comentário espirituoso feito no Twitter sobre determinada empresa era inofensivo, mas não será se quiser trabalhar lá. Talvez tenha uma selfie bebendo em uma festa universitária ou um vídeo requebrando em um clube noturno. Nenhuma dessas situações são marcas terríveis de pouco caráter, mas, se quiser que outros façam parte de sua jornada para levar adiante seu sonho, é melhor certificar-se de que sua reputação é digna de ser mostrada em horário nobre.

É cruel, mas necessário, dizer isso aos jovens bem como aos mais velhos. Hoje, antes de ir a qualquer lugar, precisamos nos lembrar de não nos autoincriminar. Lembre-se de que tudo que diz e faz pode e será usado contra você. Todos temos momentos em nossas vidas em que agimos como tolos e dizemos ou fazemos coisas que mais tarde desejaríamos não ter feito. Porém, em uma época em que há olhos por toda a parte — 24 horas por dia —, em que todos filmam tudo, os dias de tolices causarão problemas. Sua reputação pode ser facilmente prejudicada e é difícil repará-la. Uma única acusação ou boato pode ter o mesmo tempo de vida que resíduos nucleares, e você ficará radioativo por muito tempo.

Quando potenciais empregadores ou investidores ficarem maravilhados com suas habilidades de primeira linha ou com sua promessa de desenvolvê-las e você for recebido a bordo na empresa deles, lembre-se todos os dias de agir de uma forma que deixará orgulhosa a pessoa que você mais admira.

"Bem, nesse caso, eu sei quem é a pessoa em quem vou pensar...", declarou Brooke.

"Quem, eu?", perguntei, em tom de brincadeira, mas com um resquício de esperança.

"Não, Vovô, você é o número dois. Mas tenho que escolher o presidente Obama."

Essas palavras não tinham preço. Eu era o número dois após o presidente Obama, que estava afastado do cargo há quase dois anos e de quem sentíamos uma imensa falta. Perguntei se Brooke se lembrava do que o presidente havia lhe dito quando fomos ao Salão Oval e ela se sentou na cadeira presidencial.

"Sim. Ele falou: 'Se você for muito bem na escola e fizer tudo o que seu avô disser, daqui a trinta anos talvez este gabinete seja seu'." Eu estava prestes a lembrá-la de sua resposta quando ela mesma continuou: "E respondi que seria dali a 27 anos e meio, pois eu já tinha 7 anos e meio."

Nunca esquecerei o olhar que recebi de Barack Obama. Ele estava impressionado. Ela falava sério.

"Bom, então considerando que sonha todos os dias em se tornar presidente dos Estados Unidos, você começará a se portar de acordo e não vai querer dizer ou postar algo que possa voltar para assombrá-la."

Brooke assentiu solenemente. Se é que existe um momento perfeito para conversar com alguém sobre como cuidar da reputação, acredito que quanto mais jovem, melhor. Ela, com certeza, levou minhas palavras a sério.

Após descobrir as habilidades, o talento e a expertise que já tem em sua caixa de apetrechos e fazer o melhor para proteger sua reputação, o segundo R é o Rap — ou seja, como comunicar quem você é e qual a essência de seus sonhos, ideias, planos e objetivos para o mercado. Antigamente, um indivíduo só tinha um currículo e, se desejasse promover uma empresa ou um investimento comercial, teria que dispor de materiais de marketing e um plano de negócios bem elaborado. Sonhadores criativos, inovadores e empreendedores de hoje em dia têm sites, presença nas redes sociais, streaming de entrevistas, seus próprios canais no YouTube — são inúmeras opções.

Essas ferramentas são, na verdade, facas de dois gumes. Por um lado, existem oportunidades de ganhar muitos seguidores por meio das redes sociais e até mesmo de monetizar seu conteúdo online. Artistas que criam vídeos engraçados ou têm talentos de primeira linha como músicos, cantores ou gurus motivacionais de autoajuda podem usar um Rap para se definir e atrair tráfego. Os criadores de conteúdo de todas as origens competem loucamente para se tornar influenciadores, e alguns conseguem. Muitos empreendedores sociais e ativistas políticos transmitem mensagens poderosas capazes de se destacar no fluxo implacável de informações que nos bombardeiam a todo instante, tentando nos arrastar para mais um clique. Usar seu Rap online para construir um negócio ou conseguir seguidores é quase como se tornar um outdoor para anunciantes. Contanto que saiba bem o que está vendendo, essa é uma oportunidade a ser explorada.

Por outro lado, sua capacidade de comunicar seu sonho aos outros quase sempre terá mais impacto se puder olhar nos olhos ou estar diante da pessoa e conseguir conectar-se emocionalmente. Você pode pensar que um Rap é um monólogo, mas, na minha experiência, deve ser uma troca. Você tem que ser capaz de ler as reações da pessoa para ter certeza de que está se conectando a ela.

Todos costumavam falar sobre como aprimorar seu "pitch de elevador", o que ainda é relevante. A capacidade de resumir em 3 minutos tudo o que gostaria de dizer em uma apresentação de 45 minutos é como ter o poder de engarrafar um raio. É preciso chamar a atenção do interlocutor, falar sobre o "produto" que pode interessá-lo, demonstrar o "alto conceito" do seu argumento de venda (uma ou duas frases que captam os elementos mais instigantes) e lhe entregar seu cartão. Algumas das minhas maiores jogadas aconteceram em conversas de elevador de verdade.

Se você tiver mais de três minutos, use o tempo extra para falar um pouco sobre sua reputação — não apenas suas realizações, mas também seus valores, suas paixões e seus sonhos mais grandiosos, que podem necessitar do envolvimento de outras pessoas. Gosto de pensar na Reputação como o passado; no Rap como o presente, que inclui seu maior sonho; e no Rolodex como o passado, o presente e o futuro combinados. Transformar o sonho em realidade não é algo que acontece do nada. Você precisará que outras pessoas participem em algum momento — mais uma vez, é por isso que o Rolodex é tão importante.

Nosso motorista havia se perdido. Ele se desculpou profusamente, pensando que talvez não estivesse prestando atenção o suficiente. Tentamos todos os mesmos truques de tecnologia que havíamos usado no início do dia, mas de alguma forma não conseguimos encontrar a loja de música.

Em outra ocasião, voltei a procurar a loja — no meu próprio carro — e também não a encontrei. Não conseguia lembrar o nome ou o endereço. Era quase como se tudo tivesse sido um sonho. Mas Brooke tinha sua gaita e lembrava-se dos mesmos detalhes. O outro nome que me escapou à memória foi o do nosso motorista. Tenho certeza de que em algum momento ele me disse, mas a informação desapareceu da minha mente junto com o nome da loja de instrumentos musicais.

A propósito, tenho uma memória de primeira linha para nomes. Ao longo dos anos, desenvolvi excelentes truques profissionais para nunca esquecer um nome. O presidente Bill Clinton tinha essa habilidade de primeira linha — ele poderia encontrá-lo em uma fila de cumprimentos em 1992 e, dez anos depois, identificá-lo novamente em uma conferência sobre globalização, dizendo seu nome e retomando a mesma conversa que tiveram uma década antes. Para quem deseja construir um Rolodex significativo, lembrar nomes é um talento que desperta uma sensação boa nas pessoas.

Algo naquela aventura Além da Muralha deve ter me levado a um estado alterado. Não apenas os nomes da loja e do nosso motorista se perderam nos calabouços de minha memória. Sempre que eu pensava nos acontecimentos do dia, tudo era apenas um borrão onírico de inverno. Tudo parecia ter sido misteriosamente orquestrado para que eu e Brooke tivéssemos essa conversa longa e abrangente.

Após enfim admitir que havíamos fracassado em nossa busca pela furtiva loja de instrumentos musicais de primeira linha, decidi que precisávamos voltar ao restaurante antes que fechasse. Enquanto nos dirigíamos para lá, Brooke fez questão de garantir que eu não perdesse a linha de pensamento dos 3Rs.

Prometi que já estava chegando à parte mais importante do Rolodex. O principal conselho para qualquer pessoa que deseja criar um círculo de influência, uma rede ou uma base de seguidores é que a melhor hora para fazer amigos é antes de precisar deles. Da mesma forma, o melhor momento para fazer conexões é antes de precisar delas. E encontrar oportunidades e fazer conexões não acontece em um site ou com um aplicativo. "Além disso, não se esqueça de que amigos e contatos não são apenas pessoas que você acha que podem ajudá-lo, mas talvez as que você pode ajudar."

Conclusão: os relacionamentos devem ser valorizados, preservados e fazer parte dos seus sonhos.

Brooke não se conteve em perguntar se eu tinha ao menos uma história de como usar os 3Rs para tornar meus sonhos reais. Ah, e como tenho!

* * *

Descrevi o cenário: "Lá estava eu, ainda em Nova York, pensando em abrir um negócio e em busca de ideias. A grande questão em minha mente era: *Como consigo acesso a determinadas pessoas?* Minha reputação era sólida devido ao meu histórico em São Francisco e Nova York, e estava desenvolvendo alguns bons argumentos para meu Rap."

"Mas não tinha um Rolodex?", perguntou Brooke, surpresa.

"Eu estava trabalhando nele, mas ainda era cedo." Peguei meu velho telefone de disco, liguei para uma lista de CEOs de todos os setores e, em seguida, comecei a monitorar as maiores empresas do país fundadas por negros. Nesse rol estava uma das maiores e mais antigas instituições de seguro de vida: a North Carolina Mutual Life Insurance, localizada no adorável centro de Durham, Carolina do Norte. Meu telefonema deu certo e conversei com o diretor de investimentos. O plano era criar uma conexão para, ao longo do tempo, propor oportunidades de investimento. Embora eu tenha telefonado outras vezes, nunca mais consegui falar com ele — por algum motivo.

Nesse ínterim, eu tinha feito inúmeros telefonemas para outros nomes da lista, sem desistir, e consegui alguns contatos, mas nada muito promissor. Frustrado, certa tarde liguei de novo para a North Carolina Mutual Life Insurance e pedi para falar com o escritório do presidente do conselho, W. J. Kennedy III. Como era de se esperar, não fui atendido, mas deixei um recado. Minha surpresa foi ele retornar a ligação e ir direto ao assunto, querendo saber o motivo de meu telefonema.

Bem, minha resposta foi: "Liguei para o seu diretor de investimentos no mês passado com uma recomendação. Ele não a aceitou. Porém, se tivesse aceitado, eu estaria emitindo um cheque para você agora mesmo no valor de US$250 mil."

O Sr. Kennedy fez uma pausa. E em seguida disse: "Filho, você precisa vir aqui falar comigo."

Desnecessário dizer que peguei o próximo trem para a Carolina do Norte.

W. J. Kennedy III era neto do fundador da empresa e um aclamado membro de sua comunidade em Durham, Carolina do Norte — que em algum momento recebeu o nome de Wall Street Negra, composta do dinheiro antigo das linhagens de diversas empresas afro-americanas centenárias.

Ele era de primeira linha em todos os sentidos e uma das pessoas mais inteligentes que já conheci. Não tinha um, mas, sim, dois MBAs — um pela Wharton e outro pela NYU. Serviu no Exército dos Estados Unidos e integrou o conselho de diretores de empresas da Fortune 500, como Quaker Oats, Mobile Corporation e Pfizer, para citar algumas.

Admiti que fiquei impressionado ao conhecer a figura imponente do Sr. Kennedy. Ele era um gigante de cerca de dois metros e, pelo menos, 130kg; ao cumprimentá-lo, me senti como se estivesse apertando a mão de um urso. Nós nos demos bem logo de cara. Sentamos e conversamos sobre sua vida, seu trabalho, meus interesses, minha vida e meus sonhos de um dia ter uma empresa própria. Às vezes, o único Rap de que você precisa é ser autêntico, sem tentar vender nada. O Sr. Kennedy não apenas se tornou uma conta, ele logo se tornou um mentor. Nosso relacionamento se fortaleceu ainda mais quando deixei a Bear Stearns para ir a Chicago e, durante meus dias de vacas magras, ele me deu um cheque de US$10 mil. Sem exigências, sem perguntas. Quando precisei abrir algumas portas em lugares como Pfizer, Quaker Oats e Mobile, ele ficou feliz em ajudar. Porém, o mais importante para minha causa foi sua fantástica orientação por mais de vinte anos.

Minha primeira apresentação para os poderosos da Quaker Oats me convenceu de que W. J. Kennedy era um Jedi. A energia no ambiente estava tensa. Obviamente, eles só participaram da reunião porque Kennedy havia pedido em meu nome. Normalmente, nesse tipo de situação, a reunião é apenas pro forma, todo mundo joga conversa fora e mal pode esperar para sair dali. Dessa vez, ninguém se preocupou em nem sequer conversar. Minha reputação e meu Rap não ajudaram em nada. Depois de ter uma ideia inicial de suas necessidades, eu realmente tive que PRESSIONAR por uma segunda reunião, mas ninguém estava interessado. O Sr. Kennedy telefonou de novo para marcar uma reunião, mas dessa vez me orientou a fazer uma pergunta específica sobre os números da empresa. E, no momento em que a fiz, de repente, *tudo* mudou. O poder e a energia na sala começaram a se transformar. Os executivos presentes eram mestres do universo e não esperavam que eu perguntasse algo que só um gênio vidente poderia saber. Eles ficaram pasmos.

Naturalmente, o Sr. Kennedy não me disse a resposta. Ele apenas me orientou a fazer a pergunta. Mas não tinha problema. Meu poder mudou, e agora eu falava com esses poderosos em condição de igualdade.

"Uau", disse o motorista do táxi. "Entendi."

Brooke acrescentou: "Tenho que começar a trabalhar nos meus 3Rs, Vovô."

Uma das lições que eu mais desejava que ela guardasse daquele dia era a dessa última história: nada de bom acontece com aqueles que têm medo de pedir. O que começa com um sonho — para você, para um ente querido, para sua comunidade, para seu país ou para o mundo — tem que ser comunicado aos quatro ventos. Se está sonhando com panquecas e bacon, por favor, deixe isso claro. Se está sonhando com relacionamentos significativos, tanto pessoais quanto profissionais, deixe isso claro.

Quando você está disposto a pedir ao universo — ou ao seu poder supremo, seja ele qual for —, nem sempre terá o que deseja, mas, como dizem os Rolling Stones: "Terá o que precisa."*

---

* No original, "You'll get what you need", trecho da música "You Can't Always Get What You Want". (N. da T.)

NOVE

ISSO JÁ FOI FEITO ANTES

Antes de deixarmos o táxi em definitivo, Brooke quis saber qual a parte mais difícil ao se transformar sonhos em realidade. O tom de sua pergunta sugeria que eu tinha uma resposta rápida e fácil.

"Essa é uma pergunta muito, muito boa", comecei. "Pois revela o motivo pelo qual as pessoas ficam paralisadas, perdidas ou seja o que for que as impeça de continuar a se dar permissão para sonhar." Prossegui dizendo que elas esquecem que todos temos um mapa do tesouro, por assim dizer, que nos foi legado. Ele nos mostra como outros lidaram com dificuldades semelhantes e conseguiram alcançar o impossível contra todas as probabilidades.

"Não é um mapa do tesouro real, certo?" Brooke se sentiu à vontade para perguntar o óbvio, só para ter certeza. "Todo mundo herda esse mapa?"

"Sim, todo mundo tem dentro de si um mapa do tesouro. É o conhecimento de que tudo o que sonhamos já se tornou realidade. Tudo o que parece impossível de superar ou alcançar já foi feito antes."

Esse mapa do tesouro, expliquei, está no DNA humano coletivo — algo que chamo de genética espiritual — e nos fornece nossa bússola moral, confiança e coragem. A beleza da genética espiritual é que, ao contrário da biológica, que herdamos involuntariamente, ela pode ser escolhida. Em vez da genética espiritual de meu pai e do ciclo de homens que abandonam os filhos, adotei a genética espiritual de minha mãe e de outras pessoas que me inspiram e com quem não compartilho uma única gota de sangue.

A energia no carro mudou, era uma sensação semelhante à despertada por um solo de trompete de Miles Davis — de que sua estrutura atômica está sendo alterada.

Nosso motorista perguntou se isso significava que, por ter sido adotado, compartilhava a genética espiritual de seus pais adotivos. E Brooke e eu assentimos ao mesmo tempo.

"Somos todos uma família. A herança que escolhemos adotar pode vir de todos que viveram e já partiram, pessoas que não conhecemos nem são nossos parentes consanguíneos." Esse é o nosso mapa do tesouro.

Outra característica da genética espiritual é o sentimento de familiaridade quando vemos uma pessoa pela primeira vez, mas parece que já a conhecemos. Como uma sensação de *déjà-vu* ou "já vi", traduzi para Brooke. Isso ocorre porque vocês são compatíveis em suas genéticas espirituais — são parentes de alma.

Pareceu um bom momento para contar a Brooke a história de como conheci seu ídolo favorito, Barack Obama. Na época, ele era um senador estadual se preparando para concorrer ao Senado Federal dos Estados Unidos. Minha empresa estava bem estabelecida, e eu havia começado a palestrar sobre meu passado e como superar a falta de moradia — o que estava gerando oportunidades que eu nunca havia imaginado. Surgiram propostas para contratos de livro e filme, bem como convites para palestras.

"Acontece que eu e Barack Obama — eleito para o Senado Federal dos Estados Unidos em 2004 — treinamos na mesma academia com o mesmo treinador, o fenomenal Cornell McClellan." Foi assim que nos tornamos amigos. Na academia, malhávamos, conversávamos brevemente aqui e ali, mas algo nele me lembrava de minha família. Nós dois fomos criados em lares de mães solo — embora em circunstâncias muito diferentes. Nossos caminhos nos levaram em direções distintas, mas, como ele me disse mais tarde, uma coisa que definitivamente tínhamos em comum era: "Ninguém esperava que conseguíssemos."

Um dia, na academia, paramos os treinos para conversar e foi quando o senador Obama mencionou que os rumores eram verdadeiros e que ele se candidataria à presidência. "Legal. Eu estou entrando no ramo do cinema", comentei.

"Legal", disse o futuro 44° presidente dos Estados Unidos.

Cornell não hesitou. Ele se aproximou de nós e, com as mãos nos quadris, anunciou em sua voz mais autoritária: "Ninguém vai a lugar algum antes de terminar o treino."

O futuro presidente Obama e eu não ousamos contrariar Cornell. Voltamos ao treino e depois saímos apressados para nossos afazeres a fim de transformar nossos sonhos em realidade. No caso de Obama, sua tarefa envolvia superar obstáculos impossíveis e extraordinários, mas jamais esqueceu que estava seguindo os passos de outros que o antecederam. Eles podem não ter sido o primeiro afro-americano a ser eleito presidente dos Estados Unidos, mas Obama sabia que feitos tão improváveis quanto os seus haviam sido realizados antes.

"Vocês dois foram audaciosos!", proclamou Brooke com orgulho.

Ela tinha razão. E o presidente Obama também teve a audácia de levar Cornell para Washington com ele, e senti muita falta de sua expertise de primeira linha em treinamento físico. Mas Brooke estava certa: é preciso audácia para sonhar. Momentos de bonança, sem dúvida, exigem a ousadia de sonhar. Ah, mas quando a vida sai do controle e se torna imprevisível e incerta — como de fato acabaria acontecendo anos depois, de forma tão exacerbada —, é necessário algo mais: o mapa do tesouro, a herança espiritual daqueles que enfrentaram as trevas e escolheram se tornar a luz.

Nessas ocasiões, avançamos ou sucumbimos. Tenho uma memória nítida de conversar com a Dra. Angelou sobre medos, desafios e dor. Esse foi o início de meu questionamento interno sobre algumas perguntas importantes, não apenas sobre meu futuro ou o futuro de minha família, mas o do meu país. Meus horizontes estavam mudando e eu queria saber qual papel poderia desempenhar para ajudar a criar, facilitar e liderar a jornada contínua de um sonho coletivo.

Foi naquele exato momento, enquanto estávamos sentados conversando, que a Dra. Angelou me disse: "Devemos nos lembrar de que existem pessoas capazes de subir esta montanha."

Depois de ouvir essa declaração, um peso foi tirado de minhas costas.

Ela foi mais longe. "Todos devemos estar cientes do fato de que outros vieram antes de nós, que subiram pelo lado mais íngreme desta montanha com pouca ou nenhuma oportunidade, mas eles seguiram em frente, para o alto e adiante! *E ainda assim eu me levanto!*"

O poder de dizer a si mesmo: "Isso já foi feito antes" alivia mais fardos do que sou capaz de contar — esteja você lidando com uma luta pessoal ou global.

"Isso já foi feito antes" é o que você diz a si mesmo quando circunstâncias adversas colidem com seus sonhos e o fazem temer que nunca conseguirá superá-las. "Isso já foi feito antes" é o estímulo à ação para as pessoas que sonham com liberdade e igualdade.

A mensagem da Dra. Angelou foi um apelo à ação. Em uma época em que tantos se preocupam com a possibilidade de as próximas gerações estarem entre as primeiras a não ter mais êxito do que seus pais, em que muitas pessoas questionam se algum dia realizaremos o sonho americano, ela reconheceu que era necessário um pivot radical. Ela estava me provocando, me recordando de que nossa genética espiritual, nosso mapa do tesouro interno, pode nos guiar para a reinvenção e para a reivindicação de sonhos que aparentemente estavam fora de alcance.

A parte mais difícil de transformar sonhos em realidade, respondi a Brooke, é esquecer que alguém antes de você tornou possível a realização de seus sonhos.

Em nossa história humana coletiva, sempre tivemos pessoas para subir nossas montanhas mais difíceis e traiçoeiras.

Com uma piscadela para Brooke, perguntei ao motorista se eu poderia lhe fazer uma pergunta.

"Para mim?"

Expliquei que estava curioso em saber o que ele considerava o maior produto de exportação da história dos Estados Unidos.

Minha neta sabia aonde eu queria chegar. E decidiu entrar na brincadeira. "A indústria?", perguntou ela.

"Não!"

"Tecnologia?", arriscou o motorista.

"Não!"

"Hambúrgueres?", tentou ele novamente.

"Na-não."

Brooke ficou feliz em dar a resposta que sabia muito bem: "O maior produto de exportação da história dos Estados Unidos é o sonho americano, a crença de que você pode ser ou fazer o que quiser."

Ratifiquei. "Esse *é* o maior produto de exportação da história dos Estados Unidos."

O motorista olhou para mim e depois para Brooke e apenas sorriu.

Naquele momento, resolvi abandonar minha aposentadoria. Na verdade, eu estava trabalhando, mas não com todo meu coração. A partir dali, decidi que, sempre que alguém me perguntasse qual era minha nova área de atuação, eu diria que estava no ramo de importação e exportação.

* * *

Nosso motorista tentou recusar o dinheiro da corrida — disse que já havia recebido muito mais. Estava voltando para casa com riquezas que nunca soube que existiam — sua caixa de apetrechos, uma nova compreensão dos 3Rs e um mapa do tesouro em sua herança. E, claro, permissão para sonhar.

Naturalmente, não pude aceitar. Antes de Brooke e eu saltarmos de volta para o frio, pedi um favor.

"Qualquer coisa!"

Pedi a ele que encontrasse uma música dos Beatles em seu telefone e colocasse para tocar. A música era "All You Need Is Love*", composta por John Lennon e Paul McCartney. Nós a ouvimos duas vezes. Na segunda vez, Brooke pegou sua gaita e adicionou o próprio tempero à faixa musical. Ela parecia uma profissional! A letra contém versos que se deve guardar para a vida:

---

* "Você Só Precisa de Amor." (N. da T.)

Não há nada que você possa fazer que não possa ser feito Nada que possa cantar que não possa ser cantado.*

Cantamos a música toda de novo, soltando a voz na parte que dizia: "É fácil!**" Porque se você sonhar, é possível.

Estávamos famintos e, assim que dissemos nossos últimos agradecimentos ao motorista e desembarcamos do táxi, Brooke e eu decidimos, enfim, fazer um almoço tardio no Four Seasons. Tínhamos muito o que comemorar. Caminhamos em direção ao hotel, ainda cantarolando a melodia dos Beatles. Pouco antes de entrar no saguão, viramos ao mesmo tempo para nos despedir de nosso motorista e amigo.

Puf! Ele havia desaparecido em meio à névoa ondulante do fim de tarde.

Minha neta e eu nos entreolhamos, perplexos. Talvez algo tenha acontecido conosco quando fomos Além da Muralha. Talvez o dia todo tivesse sido uma miragem de inverno ou uma alucinação do "Extremo Norte" de Chicago.

Talvez, sem perceber, tivéssemos nos transformado nos Selvagens.

"E então?", indagou Brooke assim que nos acomodamos em uma mesa e o garçom anotou nosso pedido.

Pelo que me lembrava, não havia contado à minha neta sobre a pergunta de Holly, que me atormentava havia quase cinco anos.

---

* No original: "There's nothing you can do that can't be done / Nothing you can sing that can't be sung." (N. da T.)
** No original: "It's easy...!" (N. da T.)

Ao longo do dia, acho que não disse nada que indicasse que, finalmente, descobrira minha resposta.

Sim, você adivinhou, eu me dei permissão para sonhar e pude vislumbrar o projeto, o plano e um capítulo totalmente novo à minha frente nesse novo negócio de importação e exportação — e tudo começaria no dia seguinte.

Brooke sabia. Ela não precisava que eu fornecesse os detalhes. Apenas sabia e limitou-se a dizer: "Lembre-se, Vovô: a mão, depois o pé."

Se você — assim como eu durante um longo período antes desse dia — alguma vez sentiu que o mundo lá fora é frio, duro e cruel, é hora de superar isso. O tempo está passando, e isso já foi feito antes.

Se desistiu, está estagnado ou não sabe como encontrar o caminho até seu sonho em meio à névoa, ouse pisar Além da Muralha, supere seus medos e comece com os pequenos sonhos passageiros.

Você consegue. A mão, depois o pé.

DEZ

UMA VIDA PRODIGIOSA

Após aquele dia com Brooke, decidi que era hora de — quase na idade legal para me aposentar — voltar para a escola. No dia seguinte, eu estava usando todas as minhas ferramentas — especialmente a Reputação, o Rap e o Rolodex — para criar um tour de palestras de primeira linha que agora chamo de programa B2HS. Minha vida se transformou em dois dias.

Meu maior sonho com o programa B2HS era visitar cem escolas de ensino médio e depois expandir para o restante do mundo. Afinal, somos parte da família global.

A evolução desse sonho teve início, de fato, vários anos antes, durante uma visita a Milwaukee. Por algum motivo, decidi parar na Lee Elementary School, minha antiga escola fundamental. Uma das minhas primeiras memórias veio à tona: o dia em que o presidente John F. Kennedy foi assassinado, em 1963. O clamor nas ruas de Milwaukee, pelo menos no bairro onde eu morava, durou dias. Adultos que alguns de nós nunca tinham visto chorar estavam nas ruas, cabisbaixos e aos prantos. É verdade que, às vezes, pelas lentes da história, os líderes que mais admiramos acabaram se revelando falhos, e o presidente Kennedy não foi uma exceção. Ainda assim, em muitas de suas atitudes, JFK foi um herói. Foi ele quem disse a famosa frase: "Não pergunte o que seu país pode fazer por você, mas o que você pode fazer por seu país."

A mensagem de JFK permaneceu vívida comigo durante minha juventude. Mesmo quando adulto, sempre pensei: *Posso fazer algo mais. Um dia.*

Parado em frente à Lee Elementary, em Milwaukee, muitos detalhes de minha infância permaneciam nítidos em minha lembrança. Enquanto os alunos entravam e saíam da escola, de repente uma conexão com Oprah me veio à mente. Sim, a Winfrey. Temos algumas coisas em comum, além de termos construído negócios, marcas e fortunas em Chicago. Temos a mesma idade, o mesmo signo astrológico e, sim, estudamos na mesma escola primária. Refletindo sobre isso, me perguntei: *Como saber se o próximo Chris Gardner ou, mais importante, a próxima Oprah Winfrey não está entrando e saindo de alguma escola pública do país agora?*

Em retrospecto, percebo que a verdade é que *eles estão*! O trabalho que decidi realizar envolvia convencê-los de que *eles podem*! E é por isso que assumi meu mais novo cargo e o último emprego que terei. Agora sou oficialmente o CEO da Happyness e adoro o meu trabalho!

Quanto mais penso sobre o que define felicidade, mais chego à conclusão de que é a alegria decorrente de saber que você escolheu ser o mestre e o arquiteto de sua vida prodigiosa. Estar no negócio de capacitar outras pessoas a criar suas próprias obras-primas nos torna humildes e é mais gratificante do que eu jamais imaginei ser possível.

Você provavelmente está se perguntando onde obtive as habilidades, o talento e a expertise necessários para capacitar o público mais jovem. Na verdade, há anos participo de diferentes programas voltados para a educação de jovens de regiões decadentes de Chicago em questões como educação financeira. Um deles que ajudei a desenvolver nos anos 1990, o Summer Finance Academy, tornou-se muito popular. Durante o ano letivo, quando soube do meu trabalho, uma professora que conhecia perguntou se eu poderia ir até o colégio para uma palestra. A maioria das pessoas que me conheceu nos últimos quinze anos presume que nasci com um microfone de prata na mão. Errado. Minha plataforma de palestras só começou em 2006, ou seja, dez anos depois desse convite. E, tenho que dizer, o público mais difícil e impetuoso é o de adolescentes do ensino médio. Eles fazem com que a plateia do Apollo, no Harlem, pareça inofensiva.

Mesmo assim, aceitei o convite e, quando cheguei, já intimidado e nervoso, fui informado de que me apresentaria logo depois do grande comediante Bernie Mac, hoje já falecido. Suando em bicas, observei enquanto ele dominava a plateia e deixava os jovens hipnotizados com suas palavras.

Lá estava ele, com o terno mais bonito, moderno e descolado, feito de um tecido furta-cor em tons de roxo, amarelo e vermelho, e eu estava com meu terno de negócios conservador. Naquele momento, soube que nunca conseguiria ser tão engraçado ou carismático quanto Bernie Mac. Só me restava encontrar aquela centelha de magia que me permitia ser eu e, com sorte, oferecer algo tangível capaz de fazer a diferença em suas vidas.

A boa notícia é que saí vivo de lá. Os alunos foram, na verdade, muito receptivos e, embora eu não fosse nenhum Bernie Mac, descobri que meu timing cômico não era terrível. Quando lhes contei um pouco de minha história, as partes de maior identificação foram meus tempos de colégio. A lição importante dessa experiência foi que palestrar para esses alunos foi empoderador para mim. Mais tarde, a Dra. Angelou me revelou o segredo mais simples para se apresentar diante de todos os tipos de plateia possíveis: "As pessoas podem não se lembrar de suas palavras exatas, mas vão se lembrar de como você as fez sentir."

Nada evidenciava mais esse insight do que palestrar para os jovens — algo que comecei a fazer regularmente após aquele primeiro batismo de fogo. Essas habilidades acabaram se mostrando transferíveis. Depois dos meus livros, as oportunidades de palestras dispararam. E não pararam mais.

A moral dessa história é que existem alguns sonhos que você não precisa ir atrás, eles vêm ao seu encontro. Gostaria de encorajá-lo a ser receptivo a oportunidades que podem não ser tão evidentes de início. Quando o Universo lhe dá um tapinha no ombro e diz que há algo que você pode fazer pelos outros — adivinhe só? —, talvez seja um chamado do seu sonho. Digo isso como um lembrete para dar a si mesmo doses diárias de permissão para aceitar o bem que chega até você. Um lembrete de que não importa quão jovem ou velho seja, você é um filho amado do Universo, e sua vida — como uma pessoa de valor e relevância — tem propósito.

A outra moral da história foi a ironia do fato de que, ao decidir voltar para o colégio, eu estava retornando às minhas raízes — o mesmo lugar onde comecei como palestrante. Desde o minuto em que peguei o telefone, no dia seguinte à aventura com Brooke para comprar sua gaita, todos os contatos em meu Rolodex para os quais liguei queriam fazer parte do programa B2HS — também conhecido como Back 2 High School*. Naquele dia, agendei quatro escolas e consegui alguns patrocinadores. Em pouco tempo, minha meta inicial de visitar cem escolas havia se estendido ainda mais.

Ao final do segundo dia, eu sabia o nome do discurso que faria nessa primeira de muitas turnês: *Permissão para Sonhar.*

Portanto, a resposta direta à pergunta que Holly me fez anos antes, "O que você vai fazer com o resto da sua vida?", era que, com meu novo papel me levando de volta ao colégio, eu investiria meu tempo para possibilitar a próxima onda de Chris Gardners. E preciso frisar que ela inclui também as MENINAS!

Minha neta está liderando a onda. Como eu esperava, ela dominou a gaita e passou para a bateria. Como está se saindo? Só o tempo e sua própria permissão para sonhar dirão. Na quadra de basquete, Ursinha já ultrapassou e muito a fase de "A mão, depois o pé". Recentemente, ela me disse que ouvira falar de uma pivô considerada estrela de outro time. Antes que eu pudesse dizer uma palavra, Brooke disparou: "Bem, na próxima vez que jogarmos, ela ouvirá falar de mim."

---

* De Volta ao Ensino Médio, em tradução livre.

Sempre que surge o assunto de seus planos de se candidatar à presidência, Brooke se apressa em dizer que está trabalhando em suas habilidades de primeira linha para alcançar essa meta.

Uma das alegrias do meu atual trabalho é que também posso colaborar com líderes comunitários, executivos de empresas, organizações e instituições para criar oportunidades para todos que optarem por se dar permissão para sonhar. No início de minha turnê, após palestrar na An Achievable Dream Academy, na cidade de Newport News, Virgínia, conheci uma jovem de treze anos que frequentava o sétimo ano. Ela se aproximou de mim com ar confiante e disse: "Sr. Gardner, meu sonho é ser engenheira química e trabalhar na NASA!" Ela queria saber se era possível; precisava que sua confiança fosse restaurada. Por quê? Porque temia que, quando chegasse a hora, precisasse abrir mão de seu sonho e ajudar a família, acabando em um emprego que não exigisse um diploma de ensino superior.

Não tive dúvidas ao assegurar: "Sim, é possível!" Minha confiança veio do fato de que minha fundação já havia feito uma parceria com a NASA. Os líderes do programa concordaram que todas as ferramentas de ensino e todos os recursos — atualmente usados para estimular a curiosidade em ciência, tecnologia, engenharia, artes e matemática em faculdades e universidades de todo o mundo — seriam disponibilizados aos alunos dos ensinos fundamental e médio pela primeira vez em nossa plataforma.

A lição que aprendi com o Back 2 High School é que os sonhos exigem esperança para se tornarem reais. A esperança precisa ser oferecida com amor, sem restrições, mas também deve vir acompanhada de uma dose de realidade.

Holly sabia claramente o que estava fazendo ao me desafiar a me dar permissão para sonhar. Meu momento JFK — que, aliás, acho mais necessário do que nunca para todos nós — resultou em algumas das minhas maiores alegrias. Uma combinação de todos os meus sonhos.

Se você já sentiu que atingiu um ápice em sua vida que nunca poderá superar, pense novamente. Isso não é viver ou construir a vida prodigiosa que habita em você. Não pergunte como seu sonho o beneficiará, pergunte como seu sonho pode beneficiar o mundo.

Estamos vivendo no que Holly insistiu que deveria ser chamado de Hora Atômica. Nenhum de nós sabe quantos dias, meses ou anos nos restam, sobretudo nos tempos atuais. Portanto, você tem que fazer com que cada momento conte. Tem que criar uma vida prodigiosa. Tem que pintar sua Capela Sistina. O Back 2 High School tem sido isso para mim.

Por alguma razão misteriosa, pouco tempo após o lançamento do B2HS, percebi que a descoberta de Holly não era apenas fruto de sua visão deficiente. Acontece que existem dispositivos de alta tecnologia superintrincados, conhecidos como relógios atômicos. Esses relógios foram inventados para medir da forma mais precisa possível a duração de um segundo — que é entendida por todos os mestres da cronometragem como a unidade básica para medir o tempo. Em todo o mundo, por todas as fronteiras nacionais, culturais e linguísticas, a definição universalmente aceita de um segundo é o tempo necessário para 9.192.631.770 (ou seja, mais de 9 bilhões) oscilações de um átomo de césio 133. As oscilações atômicas não são muito diferentes do mecanismo do relógio de pêndulo — só que são 1 bilhão de vezes mais precisas.

A Hora Atômica pode ser a parte mais assustadora, a mais desafiadora da sua vida, mas também a época mais transformadora rumo à vida prodigiosa, caso esteja disposto a deixar seus sonhos o guiarem. Isso é algo que eu sentia antes mesmo de o mundo virar de cabeça para baixo, em março de 2020, e tudo parar bruscamente. No meio de uma terrível pandemia mortal, acompanhada de um colapso financeiro mundial, os Estados Unidos enfrentaram uma trágica falta de liderança. Ao mesmo tempo, o país inteiro testemunhou o assassinato de cidadãos negros desarmados, pela polícia ou outros agentes, o que levou a um movimento de protesto e mudança — com o maior número já visto de cidadãos mobilizados dizendo: "Basta, já chega." O racismo sistêmico e a supremacia branca estavam agora sob os holofotes e, finalmente, sendo enfrentados.

Além de nos matar, a Covid-19 revelou uma série de condições preexistentes que muitos de nós não queríamos reconhecer. Eis alguns exemplos: o racismo; o sexismo; a misoginia; a desigualdade de renda; e a xenofobia.

Assim como caberá aos cientistas e especialistas em saúde pública solucionar o problema causado por esse vírus mortal e altamente contagioso, caberá àqueles de nós, capazes de sonhar e realizar, buscar a cura para nossas doenças preexistentes. Precisamos curar esses males em prol de nossa sobrevivência. Em termos mais práticos, temos que mudar. Certamente, a Covid-19 alterou radicalmente a forma e o local onde trabalhamos. Para mim, acostumado a viajar e apresentar palestras — em média a cada dois dias — diante de milhares de pessoas, foi um pivot radical apresentá-las virtualmente. Assim como foi para professores, escolas e alunos.

O silêncio e a solidão da quarentena exigiram um tipo diferente de pivot radical. Por alguns meses, as pessoas começaram a ler, sair ao ar livre e caminhar mais, com menos pressa. E em razão dessa pivotagem, nestes dias de Hora Atômica, tivemos que reestruturar nossos sonhos. Não apenas para sobreviver, mas também para imaginar Além da Muralha, além de nossos medos, como a vida prodigiosa pode ser para todos.

Em meus dias de maior preocupação, fiquei profundamente alarmado com o aumento do número de trabalhadores sem-teto e deslocados. Mesmo assim, continuo encontrando jovens ativistas que não têm medo, estão se posicionando, estão marchando, estão se tornando os sonhadores e os realizadores — a cavalaria de que precisamos agora. Eles estão moldando o novo sonho, definindo a essência da vida prodigiosa e nos levando para a próxima Terra Prometida. E nos convidam a nos juntar a eles.

Nas salas de aula do programa B2HS, tanto no modo presencial quanto virtual, devo dizer que as histórias, as questões, os sonhos e as convicções que encontrei nesta geração emergente de jovens me enchem de esperança. Eles são destemidos. Não carregam a bagagem dos pais ou avós, embora tenham herdado um fardo mais pesado do que qualquer geração nos últimos cem anos.

A Hora Atômica, sem dúvida, requer que façamos um pivô radical apenas para conseguir sobreviver. Nada neste momento é fácil. Ainda assim, temos o poder de escolher para onde direcionar nossas energias e qual genética espiritual adotar.

Estamos nos afastando do velho paradigma de *fazer e ter* à medida que entramos em um período em que o mais relevante são os valores do *ser* e do *se tornar*. O falecido Nelson Mandela, cuja amizade e orientação tive a sorte de desfrutar, disse uma vez que nossa geração — dos baby boomers à Y e dos millennials à Z — se destacará ao fazer algo maior que nós mesmos. Nossas vidas prodigiosas serão o fruto da incumbência plena das causas e da permissão de se engajar totalmente, no *enésimo* grau, com a busca apaixonada e colaborativa de nossa nova visão do sonho americano. O mesmo vale para outros países que buscam uma reinvenção do sonho universal onde moram, trabalham e interagem entre si.

Uma nova visão do sonho americano, creio eu, deve ser tão ousada quanto a dos pais e mães fundadores, ciente dos desafios atuais, mas claramente focada no futuro. Essa visão deve ser de empoderamento, não de direito adquirido, e um lembrete de que não devemos mais confundir patrimônio líquido com valor próprio. Uma nova visão nos ajudaria a perceber que alcançar o equilíbrio em nossas vidas é tão importante quanto o equilíbrio em nossas contas-correntes. Nesse novo paradigma para o sonho americano, compreenderíamos que a liberdade de fazer, ser e ter tudo o que sonhamos deve ser imbuída do entendimento de que o que fazemos não define quem somos. Uma nova visão viria com a ressalva de que, embora sonhemos com o dia em que teremos tudo o que desejamos — para nós e para aqueles que amamos —, nem tudo o que desejamos é necessário para sermos felizes. E acrescento que, seja como escolhermos coletivamente definir essa nova visão do sonho americano, ela deve ter três componentes essenciais: uma pedra angular, uma espinha dorsal e um alicerce. E sabe o que isso significa? A permissão para sonhar. A mão, depois o pé!

* * *

A dádiva da Hora Atômica me ocorreu durante um dos meus últimos eventos públicos antes do início do lockdown em março de 2020. Eu estava na Espanha, palestrando para milhares de adultos, em sua maioria jovens, no auditório mais lindo e vibrante que já estive, e um homem trouxera sua filha para me ouvir falar. Quando começamos a seção de perguntas e respostas no final da minha apresentação, ela foi ao microfone e fez sua pergunta em espanhol, depois traduzida para mim.

"O que você perguntaria a Deus?"

Pensei um pouco e a melhor resposta que poderia dar foi: "Essa é uma ótima pergunta. Mas não é *a melhor* pergunta. *A melhor* pergunta é: o que Deus perguntaria a você?"

Seja qual for sua concepção de Deus, essa pergunta é importante. Por toda a plateia, vi cabeças balançando vigorosamente. Deus pode dizer algo como: "Olha, posso não ter dado a você tudo de que precisava ou merecia, mas você fez tudo que podia com o que eu lhe dei?"

Essa era a pergunta que eu agora estava me fazendo. Mais cabeças assentiram.

Deus pode acrescentar: "Eu lhe dei o mesmo cérebro que dei a Albert Einstein. Sei o que ele fez com o dele. O que você fez com o seu? Eu lhe dei o mesmo coração que dei a Madre Teresa. Sei o quanto ela amou. Quanto você amou? Eu lhe dei os mesmos dois braços que dei a Nelson Mandela. A quem você estendeu a mão e quantos abraçou? Eu lhe dei as mesmas duas pernas que dei a outras pessoas — uma as usou para caminhar na Lua e a outra para criar o moonwalk. O que você fez com as suas?"

Houve um silêncio repentino na multidão. Estávamos às vésperas de tempos sombrios e incertos, mas todos pareciam animados ao ouvir esses questionamentos.

A pergunta mais importante de todas foi: "Eu lhe dei os mesmos dois pés que dei a todos. Onde você decidiu se posicionar, por quem e com quem se posicionou?"

Com sua permissão para sonhar, deixe que essas perguntas sejam o seu guia. O que você fará com o que recebeu? Como você criará sua vida prodigiosa?

EPÍLOGO

ESCOVE OS DENTES E MUDE SUA VIDA EM DOIS DIAS

Na época em que os parâmetros para o programa B2HS ainda estavam sendo elaborados, mantive minha promessa a Brooke de visitar Massachusetts e palestrar para sua classe sobre a *Permissão para Sonhar* e tudo o que aprendemos um com o outro em nossa expedição Além da Muralha. A alegria de ser avô, como já ouvi de algumas pessoas, decorre em parte do fato de nos proporcionar uma segunda chance de fazer coisas que poderíamos ter feito melhor como pai. Fizemos uma festa da pizza com toda a classe e conversamos sobre o básico — como os pequenos sonhos se tornam grandiosos, esse tipo de coisa.

Na época, Brooke estava no quinto ano e seus colegas queriam saber se os princípios de sonhar eram válidos para todas as idades. Queriam saber se eles, seus irmãos mais velhos, seus pais e avós poderiam usar as mesmas duas perguntas que usei para descobrir meus sonhos: *O que você faz?* e *Como você faz?*

"Com certeza", assegurei. Porém, enquanto conversávamos, percebi que havia chegado a hora de revisar as duas questões, substituindo-as por outras mais modernas e atualizadas.

E algo mais me ocorreu. Ao longo da infância e da adolescência, sempre imaginei que o meu *um dia* estava distante, em um futuro indecifrável. Mesmo na minha idade, sei que, para mim e para outros adultos, às vezes pode parecer que subir a montanha levará *uma eternidade*. Algumas mudanças demoram muito. Mas eu tinha acabado de descobrir que era possível mudar minha vida em dois dias.

Tive uma ideia — e se houvesse uma maneira de fazer duas novas perguntas que transformassem *um dia* em hoje?

E se essas perguntas envolvessem algo que fazemos todos os dias?

A resposta surgiu como mágica. Eis o que propus (e gostaria que soubesse que essa ideia é tão poderosa que impulsionou um movimento de higiene dental que está se espalhando por todos os Estados Unidos).

É muito simples, você pode praticá-la uma ou duas vezes por dia. Sempre que escovar os dentes — *minuciosamente*, devo acrescentar — e se olhar no espelho, minha recomendação é que comece com uma permissão para sonhar. Você pode pensar sobre sua vida prodigiosa, sua Capela Sistina, seu Esta página/Aquela página, seus objetivos mais audaciosos ou seja lá o que o faça se sentir feliz, motivado e tão animado a ponto de não querer ir para a cama, pois mal consegue esperar pelo dia seguinte.

Em seguida, faça a primeira das duas perguntas:

1 Se amanhã eu pudesse acordar e ser ou fazer qualquer coisa, o que seria?

Após determinar como seria a aparência, o cheiro, a sensação e envolver todos os seus sentidos para responder a essa pergunta, passe para a segunda questão.

2 O que eu fiz hoje que me levará a realizar isso amanhã?

Isso mesmo. Lembre-se de todas as dicas e ferramentas. Estamos falando de passos de bebê. Você trabalhou em seus 3Rs, pensou em seu projeto, fez um inventário do que tem em sua caixa de apetrechos? Assim como pequenos sonhos levam aos grandes, não se esqueça de que pequenas ações conduzem a grandes sucessos.

Essas duas novas perguntas não são apenas para crianças — prometo. Esse exercício é aplicável a todos os que precisam de incentivo, aprimoramento e capacitação. Nunca é tarde demais para sonhar. É hora de seguir o exemplo de Michelangelo, que aos 87 anos teria dito que ainda estava aprendendo e se aprimorando na arte. Não há prazo de validade para a necessidade de sonhar.

Você pode estar cético, então agora falarei sobre a Pergunta Milagrosa. Ela vem de uma escola de psicologia chamada Terapia Focada na Solução (TFS). Os pacientes são motivados a pensar qual milagre poderia acontecer para melhorar suas vidas da noite para o dia. Eles são incentivados a delegar os problemas para que o poder dos sonhos os resolva, seja qual forem seus grandes problemas, necessidades e/ou desejos. Os terapeutas que praticam essa abordagem pedem aos pacientes que imaginem, em detalhes vívidos, como seriam suas vidas se um milagre acontecesse no meio da noite.

A psicologia por trás da abordagem da Pergunta Milagrosa e do programa Mude Sua Vida em Dois Dias escovando os dentes é a mesma. Sonhos criam milagres. Boom!

É neste ponto da jornada que deixo você. Esse é o presente que Holly queria que eu descobrisse. Quando sonha com o seu milagre e pede o que deseja que ele faça por você, ao mesmo tempo, está se perguntando o que pode fazer para criar a realidade desse milagre. E, assim, você cuida de todos os aspectos para que seu sonho seja bem-sucedido. Não compreendemos todos os milagres, os mistérios e as diferentes formas de magia cotidiana que acontecem a todo momento. Não temos todas as respostas. Mas temos a escolha de viver presentes em cada segundo, em cada momento ao longo de nosso limitado tempo neste mundo. Nós temos a escolha de como usar o que nos foi dado.

Deixo você com uma frase de um de meus filmes preferidos que pode ajudá-lo enquanto escova os dentes. O filme *Uma Linda Mulher* é da minha época — sim, eu disse isso — e a citação é uma das últimas falas, dita por um personagem identificado apenas como Homem Feliz, que, nunca esquecerei, anuncia à medida que sobem os créditos: "Bem-vindo a Hollywood! Qual é o seu sonho?" E então, sem sarcasmo, ele acrescenta: "Continue sonhando."

Você não precisa ir a Hollywood para realizar sonhos — acredite em mim. Os sonhos não têm fronteiras. Alguém que está lendo isto agora já deve saber disso. E se não souber, ou se ainda não estiver sonhando, dê-se permissão para sonhar. Agora!

Comece respondendo à pergunta do Homem Feliz: "Qual é o seu sonho?"

FONTES

CAPÍTULO 4. O PODER DO UM

Greta Thunberg, página 79. Sobre as mudanças climáticas.
https://www.youtube.com/watch?v=M7dVF9xylaw.

CAPÍTULO 5. VIRE O JOGO

Warren Buffet, página 104. Sobre o meu mentor, Ace Greenberg.
Alan C. Greenberg, *Memos from a Chairman* (Nova York:
Workman Publishing, 1996).

Porcentagem de empresas da Fortune 500 fundadas em recessões,
página 110. Sobre encontrar oportunidades escondidas.
www.huffpost.com/entry/top-companies-started-during-a-
recession_n_923853.

Projetos corporativos e edições personalizadas
dentro da sua estratégia de negócio. Já pensou nisso?

Coordenação de Eventos
Viviane Paiva
viviane@altabooks.com.br

Assistente Comercial
Fillipe Amorim
vendas.corporativas@altabooks.com.br

A Alta Books tem criado experiências incríveis no meio corporativo. Com a crescente implementação da educação corporativa nas empresas, o livro entra como uma importante fonte de conhecimento. Com atendimento personalizado, conseguimos identificar as principais necessidades, e criar uma seleção de livros que podem ser utilizados de diversas maneiras, como por exemplo, para fortalecer relacionamento com suas equipes/ seus clientes. Você já utilizou o livro para alguma ação estratégica na sua empresa?

Entre em contato com nosso time para entender melhor as possibilidades de personalização e incentivo ao desenvolvimento pessoal e profissional.

PUBLIQUE SEU LIVRO

Publique seu livro com a Alta Books. Para mais informações envie um e-mail para: autoria@altabooks.com.br

 /altabooks   /alta-books   /altabooks   /altabooks

CONHEÇA OUTROS LIVROS DA ALTA BOOKS

Todas as imagens são meramente ilustrativas.

ROTAPLAN
GRÁFICA E EDITORA LTDA
Rua Álvaro Seixas, 165
Engenho Novo - Rio de Janeiro
Tels.: (21) 2201-2089 / 8898
E-mail: rotaplanrio@gmail.com